情緒個性難改，懂運用更有成就

「心の闇」をパワーに変える心理術

內藤誼人——著

林美琪——譯

方言文化

目錄

第2章

內向、善妒，也能成為社交高手

目錄

第5章

利用各種「自卑感」的處事技巧

目錄

第6章

接受「內心陰暗面」，從此不再傷人傷己

前言
正向思考，真的是對的嗎？

不論是誰，每天內心都會產生負面情緒。

「看不下去！」

「那人太奸詐了！」

「他幹嘛不去死一死！」

「活該！」

這類「憤怒」、「厭惡」、「嫉妒」的情緒，就是「負面情緒」。而且這些都是屬於「負能量」，如果一一沉澱如淤泥，便會形成「內心陰影」。

負能量其實還有很多種，例如不安、不愉快、緊張、罪惡感、悲觀、膽怯、報復心等，不勝枚舉。即便看起來溫良恭儉讓的人，也會有不少這類情緒。

不，應該說，凡是人內心必定會自然湧現負能量。

請不要刻意回避，更不要加以否定。因為，負能量可能是你的鋼鐵夥伴。

單靠正向思考很危險

負能量通常是我們遭遇麻煩時湧上心頭的情緒，例如看到討厭、噁心的傢伙，誰能不升起憤怒、厭惡感呢？情況嚴重的話，還會湧現恨意呢。

這類情緒正好具有「警報功能」。亦即，它能幫忙喚醒過去的痛苦經驗，警告我們：「要小心喔！」「你會很慘，快逃！」

拜此之賜，我們會更加審慎以對，降低受到傷害的可能性。

只要累積一些人生閱歷，我們就能體會到，人生有太多不是單靠「相信人性！」、「保持樂觀積極的態度」、「誠實為上」、「一定會順利的」等正向思考就能克服的嚴峻考驗。

我敢斷言，只想用正向思考過活，非常危險。

若真的這樣做，恐怕會被狡詐之徒當成乖寶寶利用，然後搞得身心俱疲。

負能量隱含的智慧

我認為，容易抱持負能量的人，才不會變成一個單看事情表面，就判斷沒問題的老好人。

應該說，正因為有負能量，才能察覺對方真正的意圖，採取審慎有度的行

動。在建立人際關係上，也有重要且正面的作用。

本書根據歐美各國所做的實驗資料，從不同角度介紹負能量所具有的積極面，告訴大家負能量為我們的日常生活帶來哪些好處。

比方說，容易不安的人傾向採取更加小心、不出錯的應對方式，而且比較會講話。也有資料顯示，越會嫉妒的人越早婚，而且善於用各種方式來表達愛意。罪惡感強的人往往是好前輩、好上司、好父母。這樣的人通常身懷帶給周遭人幸福的才能。

負能量中，力量特別強烈的，當屬憤怒、厭惡和報復這類情緒吧。

我們先來看看憤怒。動輒憤怒的人多半欲望強烈，不論待在哪個行業，成功的可能性都很高。因為憤怒會成為堅持到底、不達目的不罷休的原動力，這股力量不會僅止於憤怒。

近年來，人們逐漸明白許多負面情緒足以成為改變現狀，讓人生更進步的重要力量。

別否定負能量！

奉勸各位應該重新看待負能量，加以靈活運用。千萬不要否定、看輕懷著負能量的自己。

「我太愛鬧脾氣了，真討厭這樣的自己。」

「我是個超級膽小鬼，在人前大氣都不敢吭一聲。難道沒救了嗎？」

「我滿腦子都是一些討厭的事情，該怎麼辦好？」

這樣東想西想是在浪費時間。各位，如果你有這樣的煩惱，我想奉勸你：

「沒必要擔心的。其實你應該感謝你的愛鬧脾氣、膽小鬼、不安感，甚至引以為傲喔。」

「請勿否定負能量，而是好好接受下來，從中獲得無可估計的力量！」

轉化成力量的訣竅

通常，人們都認為必須對負面情緒敬而遠之，但只要改變觀點，負面情緒也能發揮極其重要的功能，本書將一一說明轉換訣竅。

請再看一次書名。我不打算教你如何「消除內心陰影」或者「消除不悅情緒」，而是如何「將內心陰影轉化成正向力量」。

內心陰影既不可能被徹底消除，也不是該被消除的壞東西。

若問為什麼，我想告訴你，因為這些情緒有益於人。那麼，如何將負能量轉化成建設性的力量？本書目的就是想認真探討這件事。

只要學會與負能量共舞的要訣，就能永遠成為你忠誠的夥伴。請好好享受負能量帶來的莫大好處吧。閱讀過程中，萬一勾起你的自卑感或某種情結，也請務必換個角度，將之視為一種了不起的美德。相信闔上書後，你會察覺到心中有一些非常篤定的感覺，以及對自己無比的信心。

由衷希望你能閱讀到最後，謝謝。

二〇一八年三月吉日

內藤誼人

序章

別逼自己往好處想，負面思考更能成功

重點提要

總是怕東怕西、被笑膽小鬼？
或者動不動就火氣上身、討厭輸的感覺？
別人勸你往好處想，卻因為辦不到而深感挫折……
其實，你根本不用強迫自己改變，
不妨轉個念，讓負面情緒成為幫助你的力量！

想要趨吉避凶，就靠「負能量」

我們每一個人的每一天，都會產生無以數計的負面情緒。

對未來的不安、對失敗的恐懼、對小人的憤怒、想報復的心情……。有時發發牢騷便忘了，有時怎麼都揮之不去。這些情緒若是經年累月積澱下來，要處理它就難上加難了。

這種積澱於內心深處，宛如淤泥般的情緒，我統稱為「內心陰影」，而且，它們全都屬於「負能量」。

負能量就是所謂的負面情緒，諸如不安、憤怒、嫉妒、失望、怯懦、厭惡、悲觀等，通常我們不會在人前大刺刺地表現出來，甚至認為應該隱藏。問題是，如果認為不該有這類情緒而一再拒絕，久而久之便會形成壓力及內心的負荷。

這樣就太可惜了，因為，負能量藏著可以被善加利用的潛力。

暗中幫助你的小天使

近年來，許多專家陸續指出，負面情緒在保持心情平靜、適應環境方面，具有一定的功用，是在暗中幫忙我們的好夥伴。

負能量能帶來什麼好處？

我們受到負能量的哪些幫助？

用這種觀點來看，會發現我們得之於負能量太多，且超乎想像到令人吃驚。

我們身體的所有部位都各司其職，沒有任何一個是多餘的。當你懷疑某個部位有什麼用處時，只要仔細查證，便會找到它的功能（或曾經有過的功能）。

同樣地，人的每一種「情緒」，都具有不同的功能。

本書就是以這種觀點，聚焦於負面情緒具備的功能與好處，同時告訴你如何善加利用。

不立刻否定壞情緒

我說過，負能量其實是幫助我們的好夥伴。**但是，運用負能量時，有一點須特別注意，就是：不要否定它、拒絕它。**

負能量就像幼兒。請你想像一個正要嚎啕大哭的三歲小孩。若全面否定他說的話，對他的行為爆氣，那麼場面將更加棘手，這就是負能量。雖然這些情緒令人不快，但要是不分青紅皂白地加以否定，它們只會繼續膨脹，成為心靈的枷鎖。

因此，當負能量湧現時，請先接受它的存在。

心中浮現不安時，先告訴自己：「我正感到不安。」並接受這股情緒。

如此一來，非但能讓不安的情緒不繼續擴大，我們的內心和行動還會產生變化。因為，為了回避風險，不安會讓我們提高警覺，進而採取適當的行動。

把「不安」當成警示器

例如，與人初次會面、上司指派新任務時，我們多少都會感到不安，因為我們腦中會不停閃過各種想法：「和對方溝通得來嗎？」「能夠順利交差嗎？」

不過，有了這股不安情緒，我們便能躲過最糟糕的狀況。

當我們感到不安時，我們會怎麼做？

通常，我們會為了消除不安而思考種種最適切的應對方式。

最後，我們有可能因為採取最妥當的行動而獲得美好的結果。

如果沒有感到任何不安，會怎麼樣呢？有可能會讓人因為太過樂觀而貿然行動，最後落得失去信用的下場。從這層意義來說，正因為感覺到不安，才讓我們更加努力。

不只是不安，落敗而失意時，感到恐懼、陷入悲觀時，憤怒或憎恨難消時，皆是如此。

這些情緒都會發生在面對危機前後。拜此所賜，我們的大腦才能清晰敏銳地，在心中啟動警示開關，發出諸如「這樣下去不行」、「一定得想辦法」的訊息，進而採取對策。

有時，我們甚至會湧現宛如在火災現場般拚命的神力，殺出一條生路，這種例子真是不勝枚舉。正因為有負能量，才能喚醒我們與生俱來的剛毅韌性。

人心之強韌超乎想像！

人在直接面對危機時，會充分發揮實力以脫離險境，其實，人心也具有這樣的韌性。有研究指出，我們遭遇困難時，只要情況不是太嚴重，都能保持堅忍不拔的韌性。因此，請各位一定要對自己有信心。

大家都以為人很脆弱，動不動便感到壓力，為各種心理創傷所苦。然而，根據美國哥倫比亞大學喬治．伯南諾（George Bonanno）教授的調查，其實我們的心靈具有超強的「韌性」，沒那麼容易向壓力屈服。

人會因為聽到幾句壞話立刻自殺嗎？

人會因為被上司唸幾句就形成心理創傷嗎？

伯南諾教授的分析結果是：絕對不會。我們的心靈具有超乎想像的韌性，只是我們沒發現而已。

當被問到：「你認為自己內心的煩惱會持續多久？」大部分人的回答都超過實際的天數，甚至有人回答：「持續一輩子。」不過，通常煩惱過個兩三天便煙消雲散，幾乎不會持續到一個月。

如果才失戀沒多，或許會因此心慌意亂，對將來感到悲觀，覺得心痛將持續到永遠。但實際上，往往要不了幾天，最長一個月，多半便能淡忘了。人心的韌性就是如此強悍。

我們都太過誇大「痛苦」的存在了。

這種情形如同被仙人掌刺扎到手而哇哇大哭的小孩，被小刺扎到手並不會要了你的命。

心靈的痛苦也一樣。一般人認為的「煩惱」，通常睡個覺就沒了。只要不把它想得太誇張，絕大部分的煩惱都能立即消除。

我們的心不是玻璃做的，沒那麼容易破裂。
我們都有一定的韌性，能將沒什麼大不了的煩惱彈回去。
因此，即便湧現負能量，也無需敵視它、恐懼它。

負能量並非為了破壞心靈而存在，無寧相反才對。因此，完全無需抗拒負能量，應該將之視為可靠的夥伴，接受它，耐心地和平共處。

助你趨吉避凶

當我們瀕臨危險之際，負能量便會湧現。

前面提過，拜負能量之賜，此時會啟動開關，轉換成「不能再這樣下去」、「非突破現狀不可」的心情，變得堅毅卓絕、無敵強悍。

正因為如此，當你湧現負能量時，請把它想成：「喔，機會來了！」感到不安時，要覺得：「我真幸運！」

因為你的大腦會不停運轉，找出解決之道。

怒火中燒時，要表示：「歡迎！歡迎！」

因為你將啟動堅忍不拔的開關。

生起罪惡感時，要表示：「謝謝！」

因為你將培養出不麻煩別人的「自助精神」。

能夠這樣接受負能量的話，你的內心便會豁然開朗，變得神清氣爽，大腦也會更加清晰敏銳，逐步採取最佳行動。

接下來，我要介紹一個例子，說明我們捕捉到負能量後所產生的各種變化，以及最終帶來的好處。希望你能體會這些平時不知不覺中領受到的恩惠。

害怕風險，「膽小鬼」擅長管理危機

故作鎮靜，其實內心「難受想哭」的人還真不少。

「要是做不好怎麼辦？」

「要是失敗了，該如何是好？」

當心裡湧出這些停不下的情緒時，就等同於被膽怯綁架了。

然而，膽怯並不可恥。膽怯可發揮一種能力，就是「察覺危機」的能力。

貓咪是一種很膽小的動物，就算睡得好香好甜，只要有一點點動靜便會睜大眼睛，表示牠們的危機察覺能力相當高。

正因為膽小，才能預先察覺危險而及時回避。可以說，膽小鬼的長才就是危機控管能力強。

輕易看穿他人謊言

膽小的人能夠度過沒有大風大浪的平穩人生，因為他們絕不會捲入風險中。既然不會走向危顫顫的橋，就不會陷入險境。

「上班遲到有啥大不了，就算尷尬，也就進公司時那一瞬間而已。」即便同事這麼說，膽小的人也不會聽。

膽小的人總認為，不停遲到會讓個人風評越來越差，故不論其他人如何愛遲到，依然會提高警覺，不讓自己踩上遲到的紅線。

「有一種獲利相當高的金融產品喔，雖然風險高，但好多人都發大財了！」

膽小的人不會聽信這種甜言蜜語，因為哪怕只要有一絲絲風險，他們就絕對不會選擇出手。

即便對方拍胸脯保證說一定會「發大財」，但只要一聽到可能面臨風險，他們一開始就不會動心。

超乎常人的危機意識

膽小的人常予人不會採取行動的刻板印象。其實錯了，他們會為了避免危機而劍及履及，絕不會坐以待斃。

我們知道，只要有危機意識，人就會使出超乎想像的力量。心理學稱這種現象為「腎上腺素激發」（adrenaline rush）。

二〇〇〇年雪梨奧運的鐵人競技，在游泳這個項目，選手們陸續刷新個人紀錄，連本人和教練等都相當吃驚。

為什麼只有游泳項目的成績特別出色呢？

理由很簡單，因為雪梨灣有鯊魚，選手全力向前游就是為了避開這項危機。

當我們處於危險狀況時，體內便會分泌讓肢體更靈活的腎上腺素，即為「腎上腺素激發」。

為了避免危機，膽小的人會因為「腎上腺素激發」作用變得行動力超強。

這種人之所以工作較勤奮，也是因為懷有「被炒魷魚就糟了」的不安，常常想到弄丟飯碗後的種種窘境。具有危機意識，才能每天兢兢業業地工作。

就算容易膽小怯懦，也無需感到可恥。因為膽小的人往往能發揮與生俱來的專注力，用這種態度做事，自然能夠出類拔萃了。

「不安」讓你更細心，大小事都放在心

容易感到不安的人，通常都具有博聞強記、過目不忘的特質。我們的大腦機制，基本上是忘性優於記性，凡是與自己無關，怎樣都無所謂的事情，立刻忘得一乾二淨。

然而，容易感到不安的人會不停擔心：「要是忘了，事情就大條了！」於是把不能忘記的事情確實烙印在腦海中。當我們感到不安時，大腦就會啟動功能，牢牢記住事情。

「要是忘記對方的名字，就太失禮了。」

因為這麼想，便會設法記住對方的名字。

「要是放人家鴿子，就沒機會再見到面了。」

因為這麼想，便會牢牢記住見面的時間與地點。

甚至和對方的順口承諾，容易感到不安的人也絕不會忘記。比方說，一旦口頭約定「下次借你！」那麼直到把ＣＤ或書借出去之前，絕對不會忘記；承諾「我會再寫信給你！」那麼在按下電子郵件的送出鍵之前，該做的事情絕不會忘記，這類人就是有這種特質。

美國加州州立大學的惠特洛克（Merlin C. Wittrock）教授做了一項實驗，他比較兩種情形，一種是告訴學生「我會抽考」，藉以煽動不安讓他們讀書；另一種是不作任何煽動，只要他們讀書。

結果顯示，前者會讓學生記住更多內容。

唯有在認定「不記住會倒大霉」的情況下才容易記住，欠缺這種必要性時，就很難留下記憶。

假設各位正在接受降落傘折疊方法的講習好了。

我想，即便老師仔細說明降落傘的折疊步驟，如果各位不感興趣，恐怕是隨便聽聽，左耳進右耳出吧。

但，如果老師說：「等一下你們要用自己折好的降落傘從飛機上跳下來。」——又會如何呢？

肯定是拉長耳朵，一句不漏地聆聽折疊的步驟吧。既然牽涉到生命安全，便會拚命記牢了。沒有不安，就很難驅動大腦。反之，容易感到不安的人，大腦就容易靈活運作。

在職場上也一樣，做事仔細、待人周到，便會贏得好人緣。為消除不安而採取的行動，還會讓你獲得旁人的好評，進而建立起人脈。

「憤怒」帶來拚勁，勇於挑戰不可能

男女相較，男性通常比較容易動怒，箇中原因在於憤怒與「攻擊性」有關。「攻擊性」的用法，通常偏向貶義，但在心理學上，攻擊性並非貶義詞，其中也包含積極進取、男子氣概等意義在內。

容易發火的人，攻擊性也較高，對任何事情都相當積極，企圖心強烈。反過來說，不容易生氣的人，多半比較畏首畏尾。既不會生起勇於挑戰的心，也欠缺全力以赴的幹勁。

在這方面，容易生氣的人會表現出強烈的企圖心，而且幹勁十足，能大膽採取創新的行動，面對風險也不退縮。因此，有資料顯示，這種人會較早出人頭地，工作上也容易獲得成功。

美國喬治亞州立大學的詹姆士．戴柏斯（James McBride Dabbs）教授，採集了企業經營者、政治人物、運動選手、宗教人士等各行各業人的唾液進行調查。

結果顯示，不論行業，越是成功的人，睪固酮量越多。睪固酮又稱為「男性荷爾蒙」，男子漢、具攻擊性、易怒者，會分泌較多的睪固酮。

想要事業成功的話，多少愛發脾氣一點也無妨。

「王八蛋！」

「豈能認輸！」

沒有這種拚勁，什麼事也做不成，而產生這種拚勁的原動力，就是「憤怒」。

覺得自己愛生氣而自我厭惡的人，不妨抱持「愛生氣不全是壞事」的觀點，好好善用心中湧現的這股能量吧。

與其人善被人欺，不如有點「報復心」

佛教也好、基督教也好，都一再強調「寬恕」的重要性。奉勸世人，即便有人做了不可原諒的事，也要秉持隨風而去的寬容，這就是人類的慈悲心。

雖說如此，依然有人無法抑制憤怒，報復火燄熊熊燃燒。這種人或許會自責：「這樣未免太小心眼了，一點芝麻大小的事都過不去。」但其實，報復心強烈並非天大壞事。

為什麼？因為像猛蛇那樣堅持報復到底的人，才不會被看扁、被輕視。

「那傢伙是有仇必報的人。」

讓對方有這種感覺就不會被整了。

因為會擔心萬一弄不好，反而招來強烈的反擊。

要是讓人以為好欺負，反正打不還手、罵不還口，恐怕就有吃不完的苦頭了，那還不如讓對方覺得你會報復，他才不敢惹你。

如果你是報復心強烈的人，就讓大家都知道吧。

「誰敢惹我，我就加倍奉還！」

「誰敢唬弄我，我絕對拚到底！」

如此公開宣誓，肯定沒人敢欺負你。

「以眼還眼，以牙還牙」的人，不會被對方劈腿。美國加州索諾馬州立大學的希瑟．史密斯（Heather J. Smith）教授表示，撂下狠話威脅對方「你要是敢劈

腿，就馬上分手！」「你要是搞外遇，我就毀掉你最寶貝的東西！」的人，比較不會遭遇劈腿。

史密斯教授還說，被劈腿也選擇原諒的人，會讓人覺得「這人不怎麼聰明」、「也太好打發了！」

可以原諒一切的人，顯得人格高尚，但報復心強烈絕非壞事。現實生活中，就是有報復心且讓人嗅到會確實還以顏色的人，才比較有利不是嗎？

「不甘心」失敗，反而越挫越勇

人們普遍認為，人一旦挑戰失敗了，應該會失去幹勁。還認為，這麼努力卻不能成功，人就會徹底灰心喪志，這種想法真是大錯特錯。

根據美國達特茅斯學院亞瑟·弗蘭凱爾（Arthur Frankel）教授的說法，事實正好相反。

失敗的人會因自尊心受創而不甘心。無論如何都想恢復自尊心之下，反而會挑戰更艱難的課題。

因為想著「只要搞定更難的課題，便能恢復因最初失敗而受創的自尊心」，於是更勇於接受挑戰。

那些第一次嘗試便大獲成功的人，會由於一切順利而喜出望外，自尊心高漲。

既然心情大好，便不想去做其他可能損及自尊心的事。

他們認為，挑戰難題會破壞這份難得的好心情，於是轉為保守，不願勇敢迎向挑戰。亦即，太容易成功，反而會失去挑戰心，以上是弗蘭凱爾教授的分析。

舉例來說，某人參考大學考試，第一志願落榜了，被迫進入第二志願就讀。他為了重振受傷的自尊心，比任何人都勤勉好學，後來成為一位了不起的人，揚眉吐氣給那些第一志願的畢業生看。

就這點來看，如願進入第一志願的人，在拿到「名門大學畢業」頭銜的那一刻起，便會轉趨保守。要是因為刻意冒險、挑戰困難而栽了跟斗，不就傷害崇高的自尊心了嗎？從弗蘭凱爾教授的論點來看，確實有可能出現這兩種情況。

從這個角度想，失敗絕非壞事。

正因為失敗，人會產生一種將來要挑戰更難課題的企圖心，甚至因為吃足了苦頭，反而燃起雄心壯志。至於工作失敗的人會徹底灰心喪志，更是無稽之談。或許少數人如此，但大多數人反而會奮發圖強。

被降級、調職的人都會意志消沉、一蹶不振嗎？其實不會，我認為他們反而會加倍努力，透過讓人刮目相看來恢復自尊心。

失敗、挫折而感到失意，是有意義的。因為會萌生「我要恢復自尊心！」的強烈意志。

同樣地，可以承受失敗的人都是強人。他們每次都會讓自尊心恢復，因此一次比一次更強。

請記住，我們隨時都能召喚內心的韌性、強悍，千萬要對自己有信心。

本書想傳達的重點

接下來，我會在各章針對各種負能量所帶來的好處，以及其正面影響進行詳細說明。

第1章　不安帶來的功效是什麼？
第2章　內向又愛嫉妒的人，為什麼能夠維持長久的人際關係？
第3章　不甘心、愧疚感、罪惡感能讓你更強大
第4章　為什麼悲觀的人能夠應付危機狀況？
第5章　如何將自卑、情結等轉化為堅強？
第6章　盤據內心的精神創傷帶來的收穫？

這些負能量，向來被人視為「缺點」，但其實它們本身擁有強大的「優點」。過去你認為是缺點的，現在只要改變觀點，便會發現它們對你十分有益。本書即以此觀點來闡述。

「太棒了！我一直感到很自卑，原來自卑也有這種好處啊！」

如果各位讀完本書能有這類感受，將是身為作者的至上喜樂。如果你能明白，你認為的「膽小」，其實與「謙虛」、「危機管理能力」有關，就比較能夠接受自己的膽小了。

閱讀過程中，各位一定能察覺到，你平時感到痛苦的情緒，其實一直在暗中支持著我們、為我們加油，成為進步的原動力。希望本書能讓各位明白負能量帶來的好處，重新認識你本來具有的能力。

第 1 章

善用「不安」，做事不輕易得罪人

重點提要

容易不安、想東想西的人，
往往為了99％不會發生的事情而憂心，
擔憂出糗、說錯話、欠人情……
然而，也正因為如此才能照顧好自己，
從工作到生活，不招惹無謂的麻煩。

擔心壞事發生，永遠都有最壞打算

哀怨「心裡老是很不安，不知如何是好……」的人有福了，因為這種人能夠早一步察覺危險，應付各式各樣的風險。

若一再用「總會有辦法」的心態來輕鬆帶過，便無法應付可能的困境，多半吃定苦頭了。

幸虧人類具有感受不安的感性，得以先發制人。這是值得引以為傲的特性。

只不過，有一點需要特別注意，假如任由不安沒完沒了地蔓延下去，有可能罹患不安症。

將不安視為一種「應付危機的警訊」，不必為此悶悶不樂，而是把握機會盡速展開行動。那麼，下面就來看看不安會帶來什麼好處及影響。

二次世界大戰後，日本企業奇蹟式地復興，震驚全世界。許多學者為了探尋原因做了各種分析，其中有個分析相當有意思。

美國楊百翰大學的李．湯姆．佩里（Lee Tom Perry）教授認為，日本企業之所以席捲全球，是因為「日本國民容易感覺到不安」。這種文化精神正是日本企業的強項，怎麼說？

不會對未來感到不安的人，自然不會採取任何行動。既然沒有任何不安，便感受不到採取行動的必要性。

然而，不安的人就不一樣了。即便處於安穩狀態，也會對「人無千日好，花無百日紅」有所意識，這種念頭促使人為了消除這種不安情緒，做好萬全準備。亦即，利用有備無患來消除不安。

用心準備，為消除不安而拚命工作，難怪日本企業這麼強。戰後的企業經營者在公司業績稍微上揚後，也不會有「這就安心了」的想法。

「未來，一定有壞事發生。」這種不安盤據內心，就算情況再好也不敢掉以

輕心。

簡單說，就是將不安當成「原動力」而善加利用。

佩里教授做了一個巧妙的比喻：「日本企業讓人想到，在賽車場上，一個明明領先了五圈不自覺，還以為自己落後了五圈的賽車手。」（《進攻策略》，*Offensive Strategy*，一九九一年）容易感到不安的人都有這種特質。

泡沫經濟時期，日本企業之所以變得鬆散，就是因為忘掉不安而過度樂觀。其中，也有像「花王」這樣不太受到泡沫影響的企業。

抱持著「不努力，光靠玩金錢遊戲來撈錢，太奇怪了」的這種態度而心懷不安，在本業上努力打拚的企業，受到泡沫經濟的影響較小。

正因為感到不安，我們才會為了消除不安而展開行動。就這層意義而言，不安可說是一種「原動力」。

亦即，我們可以將不安視為一種應付未來局勢而先發制人的原動力。

CHECK!

不論何種狀況都不會心浮氣躁，保持沉著冷靜。

利用「神經質」，更能確保不犯錯

與人交際往來時總是感到不安，實在是件可喜之事。

因為感到不安的人，不論對方是誰，都會採取細心周到、不會出差錯的應對方式。

舉例來說，一個容易擔心、神經質的人收到一封工作上的電子郵件。

這種人就會擔心：「要趕快回信，對方大概會很心急。」「不立刻回信，恐怕會留下壞印象。」

因此，他們會盡快回信，而收信人會佩服這種辦事效率而留下好印象。

反之，一個不會感到不安的人又如何呢？這種人對於被討厭一事無動於衷，所以即便對方寄來電子郵件，也會無所謂地先放著再說。正因為覺得放個二、三天也不礙事，回信總是拖拖拉拉，結果就是惹得對方不開心而被討厭了。

不安的人即便再忙都會回信，實在抽不出時間的話，至少會先簡短回覆：「您提到關於〇〇的事，我已經知道了。」他們要是不先回個信，就會不安得沒法做其他事情。

一再道歉，取得原諒

不安的人，要是給人帶來困擾會一再道歉。

之所以一再道歉，是因為他們不這樣做，不論對方是否原諒，都會於心不安。不容易感到不安的人，只有在給人造成莫大困擾時才會道歉，而且只道歉一次。他們的想法是：「唉呀，反正都道歉過了，這樣就夠了吧。」這種人不可能討人喜歡的。

容易不安的人連一點芝麻小事都會道歉不已，因而能贏得別人好感自不待言。

ＡＮＡ的五星服務

英國著名的航空服務調查機構 Skytrax 所舉辦的全球航空公司星級評等（World Airline Star Ratings）中，全日空航空公司（ＡＮＡ）獲得五顆星殊榮。而全世界的航空公司中，僅有七家獲得五星，而全日空是日本唯一一家（根據ＡＮＡ官網）。

ＡＮＡ的服務表現如此優異，具體而言，究竟是做了什麼樣的服務呢？據說，他們的服務人員均會謹記一件事：「對旅客道歉兩次以上。」（《空姐教你１００％受歡迎的頂尖習慣》，１００％好かれる１％の習慣，松澤萬紀，二〇一三年，鑽石社）。

例如，飛機上沒有旅客想看的報紙，空服員會當場道歉一次，降落前再道歉一次：「沒能讓您看到想看的報紙，十分抱歉。」徹底體貼旅客的心情到這種程度，才能獲得五星殊榮吧。

美國伊利諾大學的凱倫・賈斯珀（Karen Gasper）教授表示，不安的人具有高估事情風險的傾向。

不安的人傾向高估風險，認為：「只道歉一次恐怕誠意不足。」因而會再三道歉，自然會給人留下好印象了。

CHECK!

高估風險是一種優秀的能力。

在意別人眼光，這樣做能搏好感

容易不安的人十分在意別人的眼光。

「他是不是覺得我很怪？」

「他是不是覺得我很噁心？」

如此耿耿於懷，強烈在意「別人眼中的自己」。

然而，懷著這種不安情緒的人，都很在意服裝儀容，不會忘記打扮自己，最後大多能夠予人好印象。

美國韋恩州立大學的傑佛瑞・馬丁（Jeffrey J. Martin）教授，針對十八至四十歲的男性進行研究，結果顯示對「別人眼中的自己」懷抱不安的人，比較在意服裝儀容。

反之，有一種人的態度是「我才不管別人怎麼看」、「別人怎麼想與我無關」這種人不太在意「別人眼中的自己」，自然不會在意服裝儀容，就算穿得髒兮兮也無所謂。會有人喜歡這種邋邋遢遢的人嗎？實在不敢想像。

在意「別人眼中的自己」的人，會好好照鏡子，隨時檢視自己帶給週遭人們的印象。

拜此所賜，也就不至於有讓人感到不舒服的事情發生。

抱持「人不是靠外表，內在才重要」想法的人，或許不會對「別人眼中的自己」感到不安。但是，不在意服裝儀容絕非好事，搞不好外表會變成扣分的因素，必須注意。

對儀容會感到不安其實是件好事。

萬一突然有需要招待的客人來訪，或臨時接受得面對人群的委託，只要平日維持隨時能見人的打扮，就能避免獲得負評的風險。

「雖然今天是公司的便服日，但至少應該穿襯衫打領帶，否則……」懷抱這種不安的人，通常做事情也很少出錯。

我在大學教書，很重視「別人眼中的自己」，即便學校響應日本政府的「夏季節能輕裝運動」，我依然打領帶上課。考量到給予周遭人的印象，我覺得自己這種不安感強烈的個性其實挺好的。

CHECK!

人會從外表來下判斷，多注意一點服裝儀容為佳。

害怕被討厭，更懂得維護好關係

容易對人際交往感到不安的人，也會是殷勤周到的人。由於他們極端害怕被討厭，一般人會馬馬虎虎的事，他們絕對不敢掉以輕心。這種殷勤認真的個性，正是與人交往的要訣。

以談戀愛來說，許多人在成為戀人一段時間後，噓寒問暖的次數便會比交往當初少了許多。

熱戀期間，雙方都會積極主動地照三餐聯繫，但久而久之開始覺得麻煩，次數就沒那麼多了。

不過，容易不安的人害怕失戀，因此絕不會疏於聯繫，也會為了不讓戀人不開心，盡可能照三餐噓寒問暖，超級殷勤。

美國加州州立大學的羅伯特．華斯卡修（Robert S. Weisskirch）教授為了一項研究，向有戀愛對象的學生借了手機通話紀錄來看，並且調查這些人對於失戀有多不安。

結果顯示，越是害怕失戀的人，越是經常打電話聯繫。

「糾纏不休的聯絡，反而讓對方覺得煩吧！」

或許有人這麼想。可是，根據華斯卡修教授的研究，電話打得殷勤的人，會讓對方覺得這是「深愛」，並不會惹對方討厭。

事實是，電話打得很殷勤的人，也都經常接到對方的電話。能夠常常接到電話，表示對方很開心，那麼自己就會更積極地打電話了。

工作上的交際往來也一樣，大多數人在初期會保持很殷勤的聯絡，過一陣子便沒消沒息了。

這是因為剛開始往來時，為了與對方保持接觸，都會留心三不五時問候一下，但日久習慣後，不安的感覺便越來越淡了。這樣很容易讓對方認為：「真是個不懂禮貌的傢伙。」

不論交情再好，都要隨時提高警覺：「人與人之間的緣分說斷就斷了，必須小心維持才行。」才不會在人際交往上栽跟斗。

CHECK!

即便關係熟稔、親如家人，都要用心保持聯繫。

口拙也無妨，會「傾聽」人見人愛

交談時，有人總是自顧自地說個不停，完全沒注意到對方的不耐煩。內容有趣還好，但大多是可有可無的個人瑣事或自賣自誇，讓人聽了厭煩。

如果你讀過談話術之類的書，就會明白交談的訣竅在於「讓對方說話」，而非自己滔滔不絕。

就這層意義來說，不安的人堪稱談話高手。

因為不安的人多半不會自己積極開口，而是會徹底扮演聽眾角色。

「我不太會說話啦。」

「即便有話想說，也總是說得不好。」

有這種煩惱的人似乎不少，但與人交談沒必要太會講話。好好扮演聽眾，用心傾聽，便能讓對方開心，所以不必刻意勉強自己主動開口。

不安的人談話時有個特色，就是不會咄咄逼人，也不會使用命令語氣。

根據以色列巴伊蘭大學里奧爾・葛利利（Lior Galili）教授的調查，容易不安的人很少說話粗魯或隨意命令別人。

不會不安、充滿信心、自以為是的人，總會大聲說話，顯得很有威嚴，有時甚至用命令的口氣對人。

然而，不安的人不會如此。

與其說「不會」，不如說他們「沒辦法」用這種口氣說話，這又是一個予人

好印象的原因。

誰都不喜歡被人胡亂嘮叨一通，而不安的人說話較溫柔，故而較受歡迎。即便對方年紀較小、輩分較低，說話依然謙沖有禮，指示別人工作時，也會用請託的語氣：「能不能請你做這件事？」對方自然覺得倍受尊重了。在商場上也一樣，比起口若懸河，容易不安而顯得口拙木訥的推銷員，反而業績較好。

能言善道、幽默風趣跟小聰明有關，沒有這種特質也不必太在意。其實人們更需要擅長傾聽、處事慎重有禮的人。就這層意義而言，容易不安的人的說話方式才是正解。

CHECK!

對方說話時，不要插嘴，只要用心聆聽，就能贏得好感。

與其擔憂未來，不如努力現在

聽說整天窮擔心的人會增加很多白頭髮。但這種說法並未獲得醫學證實。沒有所謂因為愛擔心導致滿頭白髮、蒼老憔悴等事情，這些都是以訛傳訛罷了。

從心理學的角度來說，對老化感到不安人，反而會顯得年輕有魅力。

抱持「不想變老」心理的人，會努力為了這份不安而想辦法，例如注重飲食、定期運動等，結果當然會比那些什麼都不做的人更年輕了。

加拿大中南部安大略省貴湖大學的阿密．繆茲（Amy Muise）教授，以十七歲至七十三歲的三百多名女性為對象，做了一項調查。試圖了解她們對老化的不安程度，並調查她們是否為了抗老付出努力，是否購買相關產品等。結果顯示，越是對老化感到不安的人，越是積極抗老。

這項研究的對象雖是女性，但應該也適用於男性吧。一般認為男性也一樣，對老化越不安的人，越會努力抗老。只要不安，人們就會採取對策來消除它。

「好怕變得又老又醜啊！」正因為有此不安，才會想方設法加以預防。

日本知名化妝師 IKKO 表示，他的周圍有許多被大家吹捧為「大美女」的人，結果很快就飄出大嬸味了，原因便是出在美女對美貌太有自信而失去警覺。

反觀對長相有點自卑的女生，反而會為美麗下工夫而變得魅力十足（《磨煉「超女」》，超オンナ磨き，IKKO，二〇〇六年，Ascom 出版）。

感覺到「比起年輕時候，確實老了」、「覺得自己越來越沒魅力了」等，無寧為好事一樁。只要能善用這種不安，各位便能努力保持年輕了。

CHECK!

對於容顏老去的不安，會讓自己努力保持年輕！

倍受信賴的人，往往都不願欠人情

不安的人不大喜歡受人幫助。老是受人幫助，自己什麼都不能做時，內心會愁苦得不知如何是好。與其這樣，不如乾脆不受人幫助比較輕鬆。

美國韋恩州立大學的馬西．葛里森（Marci Gleason）教授表示，獲得別人的幫助，會產生歡喜心、感恩心，但也會提高不安、抑鬱等否定性情緒。也就是說，獲得別人的幫助時，會同時帶出兩種完全相反的情緒。

不安的人本來就不喜歡欠人情。事實上，他們多半盡量自己解決，而且會把事情做到沒有別人幫忙也沒問題的狀態。

說到容易感到不安的人，通常腦中會先浮現被寵壞的「媽寶」印象，凡事都依賴人，但其實正好相反。依賴別人的個性是「幼兒性」，與「不安」不同。容易感到不安的人，只要欠了人情，絕對會想辦法回報。幼兒性高的人只會向人撒嬌而已，但不安的人根本受不了欠下人情。

容易感到不安的人，會自己先設法解決問題，不假他人之手，萬一欠下人情，也一定認真回報。就這層意義而言，不安的人算是「非常講義氣的人」。例如，容易感到不安的人，向人借錢時一定打算速速歸還，而且不只歸還本金而已，還會附帶「利息」。即便借款金額不大，也是有借必還。

「有借必還」是不變的信條。因此，容易感到不安的人，總能贏得別人的信任。小約定、小借款都不會忘記，信用自然提高。

CHECK!

應極力避免欠下人情，才能保持內心的平安。

專欄

不安時的對策：立即行動

本書目的在闡釋將負面情緒轉化成正向力量的祕密。不過，應該還是有「不安到不知所措」的人。所以，下面將介紹一些技巧，幫助你改善這項特質，不增加無謂的不安。

不安是來自我們的思考和評價，東想西想時，紛至沓來的不安，原因就出在想太多。換句話說，**不要想太多，就不會那麼不安了**。

例如，你不妨養成一個口頭禪，當同事拜託你去做一件困難的工作時，在你露出不安的表情之前，便把「好，我來！」當作能脫口的口頭禪，如何？我覺得這是很棒的點子。

不論上面指派什麼工作，都要不假思索地說出：「知道了，我會好好做！」

大部分的工作都是「不做不知道」。所以，不論你想再多，也不能確定究竟做不做得成。亦即，想也沒用。

反正不做不知道，那就乾脆說：「我做！」才是有效的因應對策。

「我做！」一言既出，駟馬難追，只能努力去做了。通常一旦下定決心，便會全力以赴。

當然，如果是你沒做過的事，最好先讓對方知道。

「我沒做過，沒有經驗，但我會全力以赴，不過話說在前頭，有可能進行得不順利喔。」

「因為時間很趕，有問題找你商量好嗎？」

言明在先，萬一事情進行得不順利，對方也應不至於太生氣才對。

總之，要避免不安，最佳對策便是養成立即行動的習慣。

只要展開行動，人就不會不安了。

對了，聽說運動選手陷入低潮時，都是先跑一整天再說。因為待在原地不動，便會讓不安充斥腦海，但只要從早跑到晚，讓腦中一片空白，就能快速跳脫低潮了。

加拿大英屬哥倫比亞大學的亞當．迪波拉（Adam DiPaula）教授表示，與其想東想西煩惱不已，不如立即展開行動，才不會變得自我厭惡或自責。

不想感到不安的話，就先行動再說吧！這是避免不安的最佳方法。

第 2 章

內向、善妒，
也能成為社交高手

重點提要

如果你怕生、口拙，卻很樂意當聽眾，
這種被視為靜默穩重的特質，
往往有助於建立長久的友誼。
如果你很善妒，卻很樂於付出，
絕對有助於常保感情的新鮮度！

內向者受歡迎，「同理心」是關鍵

比起外向好強的人，內向怯生的人在人前展露情緒的機會比較少。或許內向人當中，有人希望自己能更輕鬆自在地與人交往，更勇於表達自己的意見，畢竟對此感到自卑的人確實不在少數。

但是，如果你不喜歡自己的內向而想要改變的話，請等一等，因為內向在人際關係上有加分作用。

芬蘭名校赫爾辛基大學的馬賈．卡利奧普斯卡（Mirja Kalliopuska）教授，研究了許多篇關於「內向」（害羞）的論文，尋找與內向有關的因素。**結果發現，內向的人具有許多優異特質，其中之一便是共感力很強。**

看到別人在哭，便感同身受地跟著哭出來這點，就是內向人的特質。他們能對別人的悲傷產生共鳴，伸出溫暖的援手。共感力強的人，對任何人都很親切，而且無法見死不救，可說充滿俠義心腸。

此外，還發現內向與自戀呈反比關係。**越內向，自戀程度越低。**

內向的人絕不會驕傲自大、打腫臉充胖子，或自認酷哥帥妹，待人處事非常謙虛。我們都知道，自戀的人很容易惹人厭。從這點足以推知，內向的人往往很受人喜愛。**研究還發現，大多數內向人做事都非常認真。**

這種人多半會乖乖做好被交代的事情。例如，即便沒人監督，也會主動把事

情做好。不會因為沒人在看就偷懶這點，堪稱內向人的優點。

這樣看來，越內向的人待人越和善、勤勉自持，會受人歡迎就完全不意外了。

「我很怕生，話也說不好」、「不夠主動積極」，內向的朋友或許有類似煩惱，但旁人一定都明白各位的優點，別太過擔心。

沒人會因為一個人不能長袖善舞就投以輕視、討厭的目光。或許內向人顯得較無存在感，但不會動不動強出風頭這點，絕對比較討人喜歡，所以別看輕這項旁人眼中的優點。

CHECK!

請記住，你有許多旁人覺得很棒的優點。

不裝熟，只與值得的人長保往來

對於第一次見面才沒多久的人，美國人往往能夠輕鬆地直呼其名，但歐洲人和日本人就會覺得「不太習慣」，可見美國人的心胸夠敞開，能像朋友般對待初次見面的人。

有些人的確能夠一見面便敞開心胸，非常友善；有些人則是經過好多年仍然彼此相敬如賓。

如果你是這種與人相識多年仍無法推心置腹交談、保持距離的人，我想告訴你，不必因為與對方不熟而懊惱，有時彼此保持適當距離才能關係融洽。

名偵探夏洛克．福爾摩斯與助手約翰．華生，彼此互稱「福爾摩斯先生」、「華生先生」。他們兩人是無話不談的摯友，大可互稱「夏洛克」、「約翰」，但兩人終其一生都只用姓氏稱呼對方。

雖然只是小說，但現實中類似例子也不乏多見。尤其是工作上的人際關係，更會因為彼此相敬如賓而維持長久的關係。沒辦法像美國人般彼此稱兄道弟，人際關係就會出問題嗎？請放心，絕對不會。

然而，若對方是你的另一半？畢竟，婚姻生活有必要保持適度的緊張感。夫妻相處久了就像家人，容易失去關心。比方說，自己做了失禮的事，明明惹對方不開心了，卻毫無所覺。

反之，新婚時期，因為在意對方的看法，便會時時用心地察顏觀色。故而，以結果來看，出現了比起老夫老妻，新婚夫妻之間更關心彼此的悖論了。

紐西蘭坎特伯雷大學的蓋夫・湯馬斯（Geoff Thomas）教授，邀請了七十四對夫妻來進行一項實驗，他請這些夫妻針對幾個主題各交談五分鐘，讓他們邊看影片邊交談，然後推測對方的心情。

結果發現，婚姻生活「還很短」的夫妻，比較能正確看出對方正在想什麼。

而婚姻生活「比較長」的夫妻，看穿對方心思的能力很差。

如果你想正確解讀對方的心情，那麼，即便你們熟到不行，都要用面對初次見面者的態度來面對。

否則很容易不小心就做出破壞對方心情的無禮舉動。熟到不行的人，有時會不顧對方心情而一再得寸進尺，難免要惹人厭了。

交往時多少帶點緊張感，就會仔細地察言觀色，不容易引起問題。

CHECK! 不要忘記熟稔之前的那份緊張感。

「愛吃醋」招致盲目，為什麼無須改正？

對當事人而言，嫉妒雖是一種不愉快的情緒，卻具有正面功效。當事人或許覺得「善妒的自己」很討厭，但其實有必要知道，嫉妒絕非百分之百不好。

美國加州州立大學的阿亞拉．派因斯（Ayala Pines）教授，以二十一歲到六十四歲的男女為對象，做了一項關於嫉妒的研究，進而發現嫉妒可以帶來下列七項正面效果——

1 不能認為對方的存在理所當然。
2 對於維持長期性關係很有幫助。
3 是愛著對方的一種訊號。
4 可為倦怠期的伴侶帶來興奮感。

5 讓另一半顯得更有魅力。

6 帶來重新檢視彼此關係的契機。

7 能提高生命力，讓人更有活力。

如何？嫉妒有相當多的正面優點吧？嫉妒是從熱情與愛情中產生出來的情感。因此，「愛之深，妒之切」，愛嫉妒絕非百分之百的壞事。

愛對方愛到會嫉妒是很了不起的。最近，聽說冷漠的人越來越多了，能夠愛到產生嫉妒心，對方也該很高興才對。

不想約會、不問對方在做什麼、不發訊息也不 LINE 的人，就「不會一直黏人」這點來看是不錯的，但也會讓對方覺

得不夠用心而懷疑：「他真的愛我嗎？」不會有人想跟這種冷漠的人交往吧。

愛嫉妒的人，通常都能跟對方維持長久的關係。

嫉妒會蒙昧我們的眼睛，這又是一大好處。大家都說「愛情是盲目的」，但嫉妒會讓另一半顯得比實際更優秀。

假設在客觀上，你的魅力度是六十分，但對愛你的人而言，你肯定是一百分。對方這樣高估你，相信你也會超開心才對。

所謂「情人眼裡出西施」，一個善妒的人，即使另一半長相平凡，在本人眼中依然是五官端麗的帥哥美女。換個角度來看，足以蒙蔽雙眼的迷戀，也算是嫉妒的一大功效了。

CHECK!

請盡量發揮「迷戀」對方的力量吧。

嫉妒帶來決斷力，挑選伴侶快狠準

決定結婚時，大家都會有所迷惑吧。

「他真的是『對』的人嗎？」

「會不會出現更適合的人？」

如果猶疑不定，便很難毅然決人走入婚姻。

就這點來說，善妒的人能夠毫不猶豫地踏入婚姻生活。他們不會優柔寡斷，能夠自信滿滿地說：「就是這個人了！」完全不覺得有疑惑的必要。

決定結婚之際，若欠缺愛得難分難捨的感覺，恐怕很難走上這一步。但善妒的人都愛得狂熱濃烈，很容易就做出步入婚姻的決斷。

美國西伊利諾伊大學的尤金・瑪濟斯（Eugene W. Mathes）教授，邀請六十五對伴侶，進行一項測量彼此嫉妒程度的心理測驗。七年後再度聯繫，調查他們是否仍維繫著婚姻關係。

結果發現，仍維繫婚姻關係的伴侶，單方或雙方都同屬嫉妒型的人。越愛嫉妒，越容易燃燒愛火，故而容易迅速走上結婚的道路。

根據這項嫉妒心的心理測驗，被判斷為不太有嫉妒心的伴侶，七年後多半已經勞燕分飛，甚至老早就離婚了。

如果有正在參加結婚活動的人來我這裡，跟我說：「我想趕快結婚。」我應該會建議他：「祕訣就是盡量找愛嫉妒的人。」因為愛嫉妒的人會愛得情深意濃，而且容易下定決心結婚。

近來，似乎多了不少那種不知該說是淡漠坦率或互不關心，甚至謝絕嫉妒的伴侶。不能下定決心結婚，嫉妒心不夠強烈恐怕也是原因之一吧。

我甚至覺得，正因為時代如此，「愛嫉妒」反而成為一種美德。

常聽說：「愛得太深太重的人很討厭。」但是，果真如此嗎？我反倒覺得能愛到讓人覺得太沉重，是件了不起的事，值得敬佩呢。

全世界都知道義大利人熱情如火，而且不分男女都是出了名的愛嫉妒，甚至很多義大利人大方自認：「我是個大醋桶。」

既然義大利人不認為愛嫉妒是件壞事，我們何妨改變一下想法，別把嫉妒想得如此負面。

CHECK!

察覺到自己生起嫉妒心，就把它化為愛的力量吧！

「善妒」是維持新鮮感的幸福訣竅

善妒的人總擔心另一半移情別戀，因而會做出某些行為來防止這種事情發生。這種「防堵行為」目的在於避免愛人與其他人接觸。

美國新罕布夏大學的安吉拉．尼爾（Angela Neal）教授，邀請四十八對伴侶寫日記，為期一週，請他們記下一些不讓愛人搞外遇的行為。例如，盡可能藉由頻繁約會，填滿對方的時間；在人前做出手牽手、擁抱等行為宣告兩人的愛侶關係。

此外，尼爾教授再讓他們接受嫉妒心的心理測驗，進一步了解嫉妒與「防堵行為」的關係。結果發現，**越愛嫉妒的人，越會做出守住愛人的行為**。

善妒的人很會在人前做出調情舉動。這麼做，就能向周遭發出一種訊息：「休想動我的女人！」「可別對我男友動歪腦筋喔！」愛的表現方式極為豐富。

發訊息時，不會寫得死板板，而是熱情地表達濃烈愛意。另外，也對愛人體貼入微，盡最大能力為對方做事非常具有奉獻精神。

完全不會嫉妒的人，給對方的愛情也是冷冰冰的。這種人要將愛人永遠拴在身邊應該很難吧。

「愛嫉妒的男人好丟臉！」也許別人會這麼說，但實在沒必要聽這些無聊話。請告訴自己，能夠愛對方愛到感覺嫉妒，是很了不起的事。

當然，最好是兩人已經成為戀人時再付出這種愛情。如果只是單相思卻愛嫉妒，對方一定很困擾，甚至把你列入黑名單，從此被「防堵」在外了。

總之，必須先確認對方很開心，你再讓對方感受到你的濃情蜜意。

CHECK!

積極示愛才能永浴愛河！

第 3 章

不甘心和罪惡感，是改變的最佳動力

重點提要

老是不自覺地說「不好意思」、
罵完人後感到很不舒服、口是心非……
如果你對上述描述很有感，
這些情非得已的罪惡感和內疚感，
都足以成為改變自己的動力。

懂得反省的人，通常都很善良

「抱歉」、「對不起」、「真是無地自容」，唯有內心感到痛苦才會產生這種罪惡感。但是，這種情緒本身是好的，因為有了罪惡感，人就會變得很溫和。

印度獨立之父甘地，是一位貫徹非暴力主義、清廉正直之士。不過，據說他年幼時做過不少壞事。例如，偷銅幣買香菸來抽；偷拿哥哥的金手鐲，刮取上面的金箔。

然而，甘地就是受到罪惡感苛責，才變成一位清廉正直的人吧。他貪吃被禁止的肉類，也去過不該去的不良場所，後來才徹底悔悟。

正因為有了罪惡感，我們才會反省：「不能再這樣下去！」該說人性本善嗎？懂得反省的人，都會變得很善良。

美國加州州立大學的提摩西．凱特拉（Timothy Ketelaar）教授做了一項實驗，他將六十四名大學生分成兩組，請他們寫些日常隨筆。

一組是讓受試者意識自身的罪惡感，將感到有罪惡感的事情寫在紙上；另一組則是對照組，只讓受試者寫出最近的日常生活。寫完後將各組成員兩兩配對，進行一場交涉遊戲。而在這場交涉遊戲中，選擇幫助對方或背叛對方，將決定自己獲得的利益。

交涉遊戲一共進行了四十次。結果發現，強烈意識到罪惡感那一組有高達

五三%；對照組則僅有三九%的人會出現合作反應。

意識到罪惡感的那一組會採取合作態度，而且變得很溫和。交涉過程中，即便自己會吃虧，也願意協助對方。

有罪惡感的人為了贖罪，會變得比一般人更和善。許多年輕時幹了許多壞事的不良分子，後來洗心革面，成為作育英才的老師。就心理學來說，可以解釋成，正因為這種人做了許多壞事，才能夠成為了不起的老師。

如果什麼壞事都沒做，搞不好只能當一名半調子的老師也說不定。想要成為一位能體貼學生心思的老師，或許有必要親自嘗試一次做壞事的感覺吧。當然，必須進行深切地反省。

CHECK!

贖罪之心能徹底改變一個人。

對人嚴厲，是因為責任心太重

美國史丹佛大學的雷貝卡・荀白克（Rebecca Schaumberg）教授表示，罪惡感越重的人越具有成為人上人的資質。理由是，罪惡感重的人責任感也重，而且願意為別人著想而犧牲自己。

罪惡感與責任感息息相關。只要了解一個人的罪惡感有多重，就知道其肩負的責任感有多重了。

負責的家長大多嚴厲

父母教導小孩時，難免強迫孩子做不願意的事。畢竟，不嚴厲一點孩子根本不聽話，導致父母得狠心擺出強硬的態度。

於是，很多父母都對小孩懷有罪惡感，而這份罪惡感正顯示父母對孩子的負責任態度。換句話說，罪惡感證明他們都是了不起的父母。

懷有罪惡感而嚴厲管教孩子的父母，都有強烈的責任感，努力盡到父母該盡的職責。反之，對孩子採取放任政策，完全不責罵的父母，又如何呢？

這種父母當然不會有罪惡感，因為小孩完全沒在做他們不想做的事。但這種父母不等於放棄該對孩子該負的責任了嗎？

這種人能成為好上司、好教練！

嚴格的前輩、魔鬼般的上司也一樣。對後輩或部屬進行嚴格的指導後，內心多少都會產生罪惡感。不過，嚴格是出於責任感使然，沒辦法放任不管。

「反正是他家的事，幹嘛浪費精神責罵？」

「這些部屬，天知道以後會怎樣！」

抱持這種想法而不負責任的上司，不會嚴格地指導部屬。因為這種事做起來很麻煩，而且顯然很惹人厭。

有責任感的上司就不一樣了。雖然明白嚴格會讓自己被討厭，但他們希望藉嚴格的指導來鞭策部屬進步，才狠下心來罵人。當然，事後他們會被重重的罪惡感所苛責，必須強忍下去。

容易有罪惡感的人，沒辦法「睜一隻眼閉一隻眼」。

然而，也因為這份強烈的責任感，讓他們具有成為人上人的資質。

CHECK!

對人嚴厲，是一種責任感的表現。

越容易內疚，越擅長克服困難

自己幫助自己，不假他人之手，以自身力量克服困難的作為，叫做「自立」。容易有內疚感的人，都具有這種自立精神，具有很高的自立能力很高。

美國南加州大學的史考特．威爾達馬斯（Scott S. Wiltermuth）教授，在網路上招募協助調查者，請他們接受罪惡感測驗。

順帶一提，罪惡感測驗的方式是，請參加者回答問題，例如：「購物時，店員多找了錢給你，你也如數收下，這時你會過意不去到什麼程度？」然後合計得分，測量罪惡感的高低。

除了進行這項測驗，威爾達馬斯教授還問大家：「你認為自己有多麼不願給人添麻煩？」

結果發現，罪惡感測驗得分高的人，都是強烈「不願給人添麻煩」的人。

容易有內疚感的人，只要遇上給人添麻煩的事情，絕對會避免而靠自己去搞定，自立意願很強。

因為，受到他人的幫助後，內疚感重的人會非常於心不安，自責「我真是個廢物」、「我真沒用」。

與其充滿自責，那還不如一開始就不要依賴別人。

因此，他們不會指望別人伸出援手。

我本身就是個容易感到罪惡感的人，經常感受到這種心理機制。

理智上，我們知道請別人幫忙比較好，但受到幫助後又痛苦不已。故而，寧可想盡辦法靠自己的力量解決。所幸我的工作基本上是獨立作業，不必仰賴他人，也就不必受罪惡感折磨了。

順帶一提，我也是個不喜歡被請客的人。對多數人來說，有人請客再好不過了，但我不是。花別人的錢來吃吃喝喝，總叫我強烈感到：「連我的份都出了，真不好意思！」以至於無法開心享用。

與其如此，不如各付各的來得開心。就這層意義而言，我很感謝自己是個容易有罪惡感的人，因為我具有不麻煩別人的生存能力。

CHECK!

請好好磨練自己的能力，以減少向人求援的情況。

常常「口是心非」，該怎麼辦？

口是心非、心口不一，這類行為稱作偽善。

明明不情願留下來免費加班，卻擺出開心表情，表現出一副樂在加班的模樣給人看，這就是偽善。重要客戶傳來兒子的照片讓人看，明明覺得那個孩子一臉呆模呆樣，卻拍馬屁地說出：「哇，您兒子看起來好聰明伶俐喔！」這也是偽善。

做出這種行為的人，會覺得自己在說謊，甚至因此意志消沉、自我厭惡。

良心不安的補償作用

然而，這種自認「我很偽善」的想法，並非毫無好處。

為什麼？因為這樣就會對任何人都很親切。

偽善者都會自認「我做了不好的事」而受到良心譴責。

為了彌補這種不愉快的感覺，他們會以待人特別親切來作為一種「補償」。比方說，「平時我是個偽善的人，但今天讓坐給一位老人家，老天爺應該會寬恕我吧。」這種想法驅使人變得非常親切有禮。

成功人士都熱中做善事？

坊間傳聞，有「鋼鐵大王」之稱的卡內基、「汽車大王」亨利·福特、以微軟制霸全球的比爾·蓋茲，他們為了打敗競爭對手，都曾經做過近乎卑鄙的事情。

他們獲取成功後，往往投入大量個人資產於興建音樂廳、圖書館等各種慈善活動上。若非他們良心不安，恐怕不會有這麼龐大的捐款了。

法國普羅旺斯大學的瓦萊麗·馮夏特（Valérie Fointiat）教授表示，越是偽善的人，助人之心越強烈。

懷著偽善之心，做出偽善之舉，或許不值得受人讚美。

但是，如果因此具有強烈的助人之心，那麼一加一減，應該還是正向的吧。

至少，比起毫無助人之心且待人不友善要好太多了。

如果你自認偽善者，那就用待人親切來加以彌補吧，這樣別人就會感激你，讓內心的歉疚感得以獲得救贖。

CHECK!

越是感覺到良心不安、過意不去的人，助人之心就越強烈。

面對「挫折」，學會做「對」選擇

凡是順心如意又享有成功時，人不會有所反省。畢竟人生美好到沒有煩惱的必要。

人唯有在遭逢重大失敗時，才會對所作所為進行自我回顧，真切反省：「為什麼事情會變成這樣？」說來諷刺，人不失敗不會反省。

因為失敗，人會更加審慎，做好準備面對未來，有時還會心生改變自己的念頭。就這層意義而言，越有挫折經驗的人，越能夠把握改變的契機。

美國聖母大學的史桑那．那斯克（Suzanne A. Nasco）教授做過一項研究，他讓二百九十三名學生進行兩次測驗，中間相隔一個月。結果發現，第一次測驗成績越慘的人越會好好準備，到了第二次測驗便取得了好成績。

反觀第一次測驗成績不錯的人，往往因為鬆懈而疏於準備，導致第二次測驗成績很難看。

俗話說：「塞翁失馬，焉知非福。」——意思是，事情做不好，長遠來看，反而對自己有利。短期來看，失敗或許很糟。但是，若從失敗能讓自己有所改變這點來看，那就是非常有益的事了。

畢竟，人只有在遭遇慘痛經驗時才會反省。所以，我認為人應該至少慘痛一次，挫挫自己的銳氣比較好。

一帆風順時，要嚴格自我反省是極為困難的一件事。人在這種時候難免翹起

尾巴，內心難以產生認真反省、確實改善的心。

孔子及其弟子曾子這種聖人，或許可以「一日三省吾身」，一般人哪做得到，人生滿帆風順時更不必說了。

成功的人不會感到有改善的必要性，也不會有讓自己更進步的企圖心，好的話僅能維持現狀，大部分情況都是逐漸退步下去。

有句話說：「趁年輕多經歷失敗比較好。」這是因為經驗告訴我們，年輕時的失敗會在將來創造出美好的成果。

不可閃避失敗。寧可多經歷失敗，嘗到慘痛的教訓才是正解。

CHECK!

小小挫折將成為正向的動力！

第 4 章

有「策略」的悲觀，遇到危險不出錯

重點提要

凡事往壞處想、覺得自己辦不到……因為總是悲觀，所以很難開懷。但，這種特質才能助你趨吉避凶，早一步留意樂天派忽視的危機，做好臨機應變的準備。

樂觀的人盡力而為，悲觀的人全力以赴

一般而言，人們多半認為凡事正向思考的「樂天派」比較受歡迎。滿腦子負面思考的「悲觀派」通常不得人緣。難道悲觀真的一無是處？我邊思考這個問題邊查論文，找到幾篇顯示悲觀並非壞事的研究，在此介紹給大家。

悲觀的人有很多優點，其中之一，就是他們非常勤奮努力。

樂觀的人對所有事情皆樂觀以對，經常毫無根據地自認：「我的話，鐵定沒問題！所以沒必要努力。」

然而，同樣的事情，悲觀的人會認為自己可能做不好而膽顫心驚，於是付出更多的努力。

美國俄亥俄州托萊多大學的安德魯・吉亞茲（Andrew L. Geers）教授表示，樂觀的人有將事情看得太容易的傾向。例如，讓他們參加某套增進健康的課程，樂觀的人都會認為：「上完這些課對我來說小意思。」但其實不少人沒上完就半途而廢了。

這方面，悲觀的人會認為：「我大概沒辦法。」結果，最後能夠上完所有課程的，都是悲觀的人。

樂觀的人連在需要百分百努力時，都會認為自己沒必要那麼努力，只要出八十分的力氣便能輕鬆過關。但是，現實

並沒那麼簡單，結果往往半途而廢。

悲觀的人在需要百分百努力時，會認為不使出一百五十分的努力不會成功，因而全力以赴。然後，便會感覺到「咦？居然比想像中容易」進而順利達陣。

就堅持到底這點來看，悲觀的人將會贏過樂觀的人。

希望各位能夠明白，你絕對不會因為悲觀就在各方面輸給樂觀的人。

順帶一提，樂觀的人提出工作預算或進度預估後，往往因為把事情想得太簡單，導致結果超出預期。所以要請人擬定預算、人數、天數等計畫時，最好請悲觀的人來做比較妥當。

CHECK!

高估風險的能力會帶來好成果。

防禦性悲觀，在事態惡化前採取行動

樂觀的人，即便狀況變糟了，也不認為事態有那麼嚴重，於是往往錯過該撤退的時機。

悲觀的人，即便狀況只是稍微變差，也會立刻想到溜之大吉。他們總能在狀況惡化之前撤退。

苗頭不對，立刻抽身

奧地利約翰克卜勒林茲大學的愛德華．布蘭施泰特（Eduard Brandstätter）教授表示，樂觀的人因為具有不切實際的性格，即便投下了龐大成本，也會選擇「不撤退」而有付出慘痛代價之虞。

賭博時，悲觀的人只要有點虧本就立馬抽手，認為再把錢花下去是笨蛋。反之，樂觀的人可能會堅信可以回本，而永遠離不開賭桌。

新開的店鋪生意不好，樂觀的老闆會認為「過陣子就會好轉了吧」，而繼續投入資金，導致最後損失慘重。

悲觀的老闆只要察覺生意不如預期成長時，會馬上研擬計畫處理掉店面。所以，即便有些損失，也不至於太嚴重。

不過度自信，能夠臨機應變

悲觀的人基本上不認為事情會順利進行，因而只要看到一丁點損失的徵兆，便會立刻動念溜之大吉，如同船舶沉沒前最先出逃的老鼠一樣。

樂觀的人不太會下這種判斷，而是毫無根據地認為「過幾天情況就會改善了吧」而遲遲下不了撤退的判斷，放任事態惡化到完全無法挽回的地步。

明明中止撤出會比較好，卻無法做出認賠的判斷，我們把這種行為稱做「協和效應」（Concorde effect）。

「協和」是指英國與法國過去共同開發的超音速客機，明明最後發現將是一場賠錢生意了，但航空公司卻遲遲不願廢止，就是因為「還不要緊」的樂觀性延遲了判斷。

雖說不該輕易放棄，但有些時候是乾脆放手比較好。關於這點，悲觀者堪稱遁逃極快的佼佼者。

CHECK!

溜之大吉也是一種傑出的策略。

失敗零容忍，行事周全更堪大任

就算所有人說：「不必擔心，沒問題的！」仍無法安下心來的人，就屬於悲觀派。

這種人會一心一意做好事前準備，結果想完成的事情多半能順利進行。

「要不要先做好精簡版的資料，以防提案時間突然從三十分鐘改成五分鐘？」

「好不容易能見上面，多準備一種企畫案比較妥當吧。」

「得上網多找幾個聊天話題，如果事情提早談定，可以趁機跟對方愉快地閒聊一下。」

會這樣想而做好充分準備，這正是悲觀者的優點。

不論他們多麼才華洋溢、實力堅強，都不會過度自信，而確實做好周全準備，使事情進展如虎添翼。

美國北卡羅來納大學的勞倫斯．桑那（Lawrence J. Sanna）教授做了一項調查，他找來悲觀的學生與樂觀的學生，分別詢問：「十天後的考試，你認為自己會考幾分？」

理所當然，悲觀者會低估自己的得分，因為他們自認無法在即將到來的考試中順利過關。

然而，實際考完後，卻發現悲觀與樂觀的人兩者並無太大差別。不，實際上悲觀的人分數還高出一點點，應該是拜確實準備所賜。

悲觀的人所擔心的事，大部分都以杞人憂天結束。

可是，光這樣還不能安下心來，正是悲觀者的美德。

「不能因為一次的順利就被沖昏頭，下次可能不會同樣順利了。」始終都會如此自我警惕，正是悲觀者的特質。

老是充滿悲觀想法的人想必常常處於痛苦的情緒中，甚至可能會咒罵悲觀的自己。

不過，一發現失敗的初芽便徹底摘除，這種行為不但不會招致慘敗，還會養成讓自己更進步的美德。

請務必認清這點，當悲觀情緒湧現時不要加以否定，坦然接受吧。

CHECK!

看重自己「做好萬全準備」的好習慣。

死腦筋的人，往往能堅持到底

太過老實的人無法臨機應變，總是不為所動地重複做一件事。這種人就是愚直（死腦筋）的人。我們都知道「愚直」一詞含有「愚笨」之意，所以不是褒義詞，而是貶義詞。

愚直正好與工於心計的狡猾相反，這種笨拙、頑固甚至可能遭人放大嘲笑，導致有人覺得萬一冠上愚直之名很丟臉。

不輕言放棄的代名詞

然而，比起他人評價，愚直的人更重視自身感受，不為他人所動。

一旦出現決定要做的事，絕不會半途而廢。

在這個時代，能夠堅持做好一件事，不是一件非常了不起的事情嗎？

明明為了減肥而立定運動計畫，大部分的人都是三天打漁五天曬網；為了考證照而決定每天用功讀書，很多人沒幾天便放棄了。

然而，愚直的人一旦決定要做某件事，就會不惜一切去做，他們就是有如此堅強的意志力。

既然要做，就做到底

以伊索寓言的〈龜兔賽跑〉故事來說，愚直的人就是烏龜。比起兔子，烏龜跑步顯然慢上許多，但最後先抵達終點的，不就是愚直的烏龜嗎？

人類也一樣，愚直的人超越有才華的人也是常有之事。

美國賓州大學的安琪拉．達克沃斯（Angela Duckworth）教授做了一項調查，對象是參加全美拼字比賽的一百九十名小朋友。

這群據稱全是來自美國各地的拼字天才兒童，想必天生就有過人的記憶力或語言能力眾。但，達克沃斯教授的調查結果卻非如此。

他們的記憶力與一般人沒兩樣，語言能力也極為普通。

不過，他們都有像特質，即「具有努力不懈的能力」。

一般小孩，可能很快就嫌煩放棄的事情，他們卻能秉持一股傻勁持續不斷地練習再練習。

天才並非指天賦異稟的人，而是指具有努力不懈、持之以恆能力的人。這種人有時或許會被取笑：「那傢伙只會一件事，其他什麼都不會。」

完全無需在意，能將一件事持續做下去，實在很了不起。

具有「一旦開始便會堅持到底」這種愚直性格的人，無論在學業上或事業上都會取得想要的成功。

（編按：達克沃斯的研究報告後來出版成冊。《恆毅力》，*Grit*，二〇一六年，天下雜誌。）

CHECK!

愚直的人具備堅持到底的能力。

凡事往壞處想，不易受壓力影響

我們不論碰到多麼難熬的事，只要能事先預期到這種狀況，便能夠撐過去，這就叫做「壓力預防」（stress prevention）。

悲觀者都是能夠做到「壓力預防」的人。

事先做好將有壓力的心理準備，等到身臨其境時，就不會覺得壓力那麼大了。

同樣的壓力，有預期與沒有預期，感受程度大不同。

壓力預防實驗

美國杜克大學的安德魯．卡頓（Andrew M. Carton）教授做了一項測驗，他請受試者看到文章中出現以「a」為首的單字，就用線將該單字畫掉。

不過，他告訴其中半數的受試者，會有監督人員在測驗中進行各種干擾，讓他們事先預期到這項壓力；另一半則不做任何預先提醒，讓他們直接於測驗中受到突如其來的干擾。

測驗時間為十二分鐘，試後計算有多少單字被畫掉。結果顯示，有預期壓力那一群人平均畫掉了一四四・一一個字；沒有預期的那一群人僅畫掉一二五・八四個字。

做好最壞打算，表現不受挫

事先預期壓力的那一群人比較不會受到壓力影響，產生焦躁不安的情緒，而得以專心做測驗，因而畫掉的單字數量比較多。

這表示，事先預期到壓力是件好事。

工作上也一樣，倘若能夠事先預期「搞不好上司會來干擾我」、「說不定會有不速之客突然來訪，害我沒辦法工作」，就算到時真的發生倍感壓力的事情，也不會那麼難受了。

如果只會空想美好的未來，盲目相信一切會順利進行，那麼一旦遇上無預警的情況發生，可能無法妥善處理注分壓力。

由於悲觀的人總會做好最壞打算，預知可能壓力這點絕非壞事。

CHECK!

把未來想像得太過美好，會無法應付突發事故。

對困難心裡有底，就不輕言放棄

做好心理準備：「接下來的工作會非常辛苦。」便不會輕言放棄。為什麼？因為困難都在預料之中了。比方說，假如你是剛進公司的新人，最好別抱持太樂觀的期待。不論任何一種行業，沒有什麼工作是輕鬆的。

先想清楚：「接下來的工作會非常困難、非常艱辛、非常嚴峻。」就不會輕易舉白旗投降了。事先預期到困難，會讓人更有毅力。

有心理準備會比較有耐性

有一項資料證明了這件事，在此介紹給大家。

美國德州大學的章寅（Yin Zhang）教授做了一項實驗，他找來一百九十一名學生，提出一些無解的重組字謎（anagram），想了解受試者多久會放棄。

順帶一提，重組字謎是一種字詞遊戲，就是將單字拆開後，再重組成一個有意義的單字。例如，將「earth」（地球）重新組成「heart」（心），將「slient」（沉默）重新組成「listen」（傾聽）。

不過，這個實驗給的是再怎麼重組都無解的字謎，目的在於測驗他們的耐性有多強。實驗前，章教授先跟半數的學生說：「題目很難，恐怕會解不出來喔。」給他們預期心理，然後對另一半的學生說：「我認為題目很簡單。」

天真的期待只會扯後腿

那麼，真正進行實驗後，學生會認真解題幾分鐘才宣布放棄呢？已經預期很困難的那一群人，平均解題時間是七．九一分鐘。認為很簡單的那一群人，則是六．

二九分就宣布放棄了。

這項實驗一如所知，預期到「很難」的人，就算解不出來也不會輕言放棄。

「工作辛苦是理所當然。」

「免費加班是在所難免。」

「做牛做馬也是無可奈何。」

對於工作，最好先抱持這種想法，如果能這麼想，真的遇上困難就不怕了，也不會因為與不符期待而失望。

絕對不可抱持天真的期待，現實幾乎沒有那麼容易。

想度過難關，先做好預期心理吧，一旦這麼做，說不定你面臨困難只會感到：

「什麼嘛，小事一樁。」

CHECK!

做好「工作會很辛苦」的心理準備，就不會挫折沮喪了。

第 5 章

利用各種「自卑感」的處事技巧

重點提要

每個人心中必定存在一些自卑情結，
臉臭、健忘、死腦筋、軟弱……
嘗試多微笑，卻被說彆扭；
嘗試學速記，仍然左進右出……
但，只要懂利用，都能成為有利的處世技巧！

怕生也沒關係，避免成為「討好型人格」

溫柔又會照顧人、快樂又積極進取，看起來都是受人歡迎的加分要素。

不過，「福禍相依」，受人喜歡的優點轉瞬間成為討厭的缺點，或者反過來討人厭的缺點突然成為受人喜歡的優點，皆是常有之事。

喜歡變討厭，就在一線之間

美國加州州立大學的黛恩・費蒙麗（Diane H. Felmlee）教授，為這種現象取名為「fatal attraction」，直譯為「致命的吸引力」。意指有時候原本被視為魅力的特質，經過一段時間後，反倒變成招人討厭的原因了。

費蒙麗教授調查了很多對伴侶，發現有二二．八％的人，原本因為對方是個「快活」的人而展開交往，但過了一段時間，這種感覺卻變成了「輕佻」、「隨便」而決定分手。

此外，有一九．六％的人，起初因為對方「很會照顧人」而開始交往，一段時間後，感覺「受到約束」而分道揚鑣。

這不是因為對方的個性改變了。

而是對方在自己心目中的樣子變了。

只要觀點改變，「快活」就會成為「吊兒郎當」；「思慮周延」也會變成「一板一眼」、「自以為高人一等的人」，人

心真是難以捉摸啊。

原本受人歡迎的原因，也可能突然讓人討厭，反之亦然。

婚禮上，有時候會聽到新人的朋友在致辭時爆料：「聽說，新娘本來對新郎沒什麼好感。」最初的壞印象，後來慢慢翻轉成好感，現實生活中經常發生這種事。

也有人一開始被認為為「死氣沉沉，很無聊」，後來卻被稱讚是「有自制力，很穩重」的人。

何謂「熟悉性原理」？

如果你認為自己的個性不討喜，其實大可不必在意。人都有一種傾向，就是越了解對方的內心世界，就越願意接受對方。心理學上稱這種現象為「熟悉性原理」。

只要熟悉了以後，不論哪種個性都能獲得好評價。就算有點自卑感，因為別人會善意看待，也就不必擔心了。

再說，有時自卑、情結、心理負擔等，其實是一種特色、一種重要的個性，沒有它便不足以形容那個人。

當我們用「難道不能善加利用這項特質嗎？」的觀點來看，便能意外找到出路。本章將針對這個觀點，進一步探索下去。

CHECK!

反正人的看法都會變，沒必要強迫自己改變個性！

害怕交涉，就做好「事先疏通」

「我沒有與人交涉談條件的本事。」

如果你有這種自覺，那真是太好了。

為什麼？因為你已對自己完全不具備交涉的本領有所自覺，別人就不會找你去交涉。

另一方面，錯以為自己具備交涉本領（其實沒有）的人，雖然實際坐上談判桌時，會準備一套自己的說辭努力溝通爭取，一旦遇上突如其來的交涉，通常都不會太順利。

對商務人士而言，交涉技巧是必備的本事之一。

但其實，不必提升交涉能力也無妨。

因為，只要成為「事前疏通」達人，就能不靠交涉把事情搞定了。

那麼，該怎麼進行「事前疏通」？簡單來說，就是不斷找機會去和對方談話。如此而已。

對於經常見面的人，我們會很自然地產生親切感。**常常見面，久而久之便會建立起朋友般的交情。**

這麼一來，即便多少有些無理的請求，對方也會說：「好吧，我先聽聽看吧。」這就是「事前疏通」。

與人交涉時，不會因為彼此見過一次面就溝通無礙，畢竟雙方心中尚未建立足夠的信任感。

要消除這種不信任感，就要在交涉之前，盡可能多與對方見面，這就是成功的祕訣。

美國南佛羅里達大學的諾曼．波瑟斯（Norman Poythress）教授做了一項模擬交涉的實驗，結果顯示，交涉前越是與對方經常聊天，越容易交涉成功。

如果你不具備交涉能力，那就當一個「事前疏通」達人吧。不必在交涉過程中設法做些什麼，只要在事前多找幾次機會去看看對方就好。光是這樣，真正交涉時便能順利進行了。

CHECK!

交涉之前，要常去看看對方。

愛操心的人其實是比較能幹的人

膽小的人往往也是「過度操心」的人，屬於「杯弓蛇影」型。那麼，愛操心有何優點呢？愛操心的人往往工作表現優異。有數據顯示，愛操心的人其實是比較能幹的人。

英國倫敦大學金匠學院的亞當．帕金斯（Adam Perkins）教授，發表了一篇鼓舞人心的論文，表示越是「愛操心」（worriers）的人，越能夠成為贏家（winners）。

帕金斯教授訪問某金融公司的六十八名經理，調查他們愛操心的程度，以及其工作表現。

順帶一提，這裡的「工作表現」是請上司幫忙打分數，而非自我評分。換句話說，不是當事人自認「我的工作表現不錯」，而是來自上司的評價。

帕金斯教授表示，當事人越愛操心，工作表現越難以置信地優異，亦即獲得上司的高度肯定。

愛操心的人多半懂得先觀察再行動。當上司想要資料時，他們會說：「我早就做好了。」然後遞上資料，如此「無微不至」的作為，自然能深獲好評。

愛操心的人連小地方都會在意，這也是為工作加分的一大優點。

例如，上司說：「你先去預約會議室。」愛操心的人會不斷確認別人是否也

你在擔心那件事吧？
啊！
那件事讓你很擔心吧？
擔心
擔心

預約了會議室，這樣就能避免與別人強碰，落得不能使用會議室的窘境。

而且，會議開始之前，會先去拿鑰匙開門，開窗讓空氣流通，將桌椅排好，打掃一下等。因為愛操心，得以留意到許多小細節，結果成為他人眼中「很能幹的人」了。

帕金斯教授認為：「越愛操心，越會成為贏家。」我覺得十分有道理。畢竟欠缺這種膽小怯懦，就不容易做到「無微不至」了。

CHECK!

細節都不放過，就能為工作加分！

只記得好事，「健忘」讓你甩開痛苦

健忘一般都被視缺點，比方說，忘了與別人的約定，忘了對方的名字，這類行為確實相當失禮。

記憶力差勁實在很難列入優點，老是記不住新知識的人，在讀書或工作上能成功才怪。不過，這只是一般人的想法。這種成見導致許多人去研讀增進記憶力的書，設法改掉健忘的毛病。

不被過去牽絆

可是，健忘也有好處，亦即不會被痛苦的記憶糾纏。

英國巴斯大學的巴斯．巴普蘭肯（Bas Verplanken）教授表示，「將事情牢牢記住」或經常「回想起來」，對當事人而言，絕不是一件有益的事。

巴普蘭肯教授認為，盡快忘記痛苦才能帶來良好的健康功效。以這點來說，健忘的特質好處多多。

例如，別人做了某事讓你不愉快。健忘的人隔天就能把這件討厭的事拋諸腦後，不會放在心中悶悶不樂。但忘不了的人，不論時間過了多久，心中依然會感到委曲、氣憤。

健忘的人也是不執著的人。他們不會對人長久懷恨在心，很快就讓不愉快隨風飄去，這就是健忘的優點。

只記得好事即可

順帶一提，有數據顯示，不寫日記的人比較能保持心理健康。

根據蘇格蘭格拉斯哥加里東大學埃萊恩・鄧肯（Elaine Duncan）教授的調查，有寫日記習慣的人比較容易感到不安、為失眠苦惱。

鄧肯教授表示，寫日記的人當中，六六%有保留過往日記的習慣，八八・七%會時不時重讀。鄧肯教授的分析結果是，每次重讀日記就很容易回憶起痛苦的往事，進而損及心理健康。

若要寫日記，最好不寫討厭的事，而寫些放眼未來、具建設性的夢想。不妨將這個原則當成寫日記的要訣吧。

CHECK!

若要寫日記，就寫些可提振心情的內容吧。

過高或過低的「自尊心」都非好事

過去，大家一向認為自尊心越低越有暴力傾向，容易犯罪。「考試失利、工作不順、跟不上社會腳步等，這類自尊心低的人比較容易犯罪」的說法看似有理，其實與事實相反。

美國凱斯西儲大學的羅伊・鮑麥斯特（Roy Baumeister）教授指出，**暴力與犯罪是自我受到威脅後產生的結果；當一個人被當成傻瓜而自尊心受損時，就會採取暴力以重拾自尊。**

由此可見，自尊心本來偏低的人，即便被人當傻瓜，會覺得反正再往下也不過如此了，故不會輕易感到威脅。鮑麥斯特教授分析後的結論是，其實自尊心高人比較容易抓狂。

動輒暴怒的人，多半不是自尊心低的人。反而是自尊心過高的人。

這麼說來，先前有名政治精英痛罵祕書的新聞連日占據版面。名門大學畢業而自信心、自尊心雙高的人，連一點芝麻小事都能讓他覺得自尊心受損，於是動不動就火冒三丈了。（編按：二〇一七年，名校畢業的日本議員豐田真由子，對其助理秘書不斷施以毆打及語言暴力行為，而施暴的證據遭媒體踢爆後，導致競選連任失敗淡出政壇。）

自尊心過高的人，會因為聽到「怎麼搞出這種事？」後理智斷線。

在公司也一樣，會為了一點小事抓狂的人，多半是主管或老闆。

這種人往往自認了不起，所以自尊心特別高。例如，多等了對方幾分鐘、送茶上來不是先端茶給自己而是先給別人等……這類沒啥大不了的事，他們都會立刻七竅生煙。

自尊心低、不太有自信的人，即便遭到冷落、被人無禮對待，也不至於太生氣。當事情不能如願時，甚至能夠瀟灑地說聲：「算了，這也是沒辦法的事。」不會放在心上。

自尊心低的人比較不會生氣。從這點來看，自尊心低的好處，就是能夠每天平平靜靜過生活。

CHECK!

自尊心過高的人往往欠缺寬容之心。

「不強勢」才能引領旁人表現

有些人即便有話想說，也總是開不了口，無法表達自己的主張。

日本南北朝時代的作家吉田兼好，在其著作《徒然草》中寫道：「話不吐不快，憋在腹中就會腹脹不舒服。」有話想說卻忍著不說，便會心浮氣躁到覺得肚子脹滿了氣。

把話憋住不說的人或許會後悔：「搞不好再加把勁就能說出口了。」但克制住想說的話、隨時為自己踩煞車，是一項了不起的本領。

另一方面，作風強勢的人容易被選為領袖，就這點來說強勢是有利的。然而，作風溫和的人，因為具備高度自制力有不同於前者的優勢。

美國卓克索大學的克里斯強・萊西克（Christian J. Resick）教授做了一項調

查，他查閱美國職棒大聯盟自一九〇三年至二〇〇二年為止，約一百年份的執行長（CEO）記錄，試圖了解這些球隊老闆究竟屬於哪種性格的人。

要短期獲利亦或長期勝率？

我們多少猜得到，大部分的老闆都是強勢派，愛競爭、好強、絕不妥協。

可是，根據萊西克教授的調查，這類人擔任執行長時，經理和選手都流動率偏高，球隊的勝率也下降。雖然球團的獲利提高了，球迷的入場數也增加了，但球

你一直都是文質彬彬，待人很溫和。
我很喜歡你喔！
是嗎？
嘿嘿嘿
消極又保守

隊的氣氛很差。

而由溫和派擔任執行長時，就會看到相反的局面。在他們下面工作的經理和選手都不會辭職，球隊的勝率也提高了。

人人願意聽你說

只要作風強勢，就能無往不利嗎？沒有這回事。

《伊索寓言》當中有一則〈北風與太陽〉的故事。北風與太陽比賽看誰能讓路途上的旅人脫掉外套。結果，刮起狂風的北風輸了，反倒是發出溫煦陽光的太陽贏得了勝利。

不夠強勢，想說的話不能好好說出來，屬於這種溫和派的人，不妨將自己想成太陽，這種人絕對不會強迫別人。而且，最後能讓人聽話、博得好感的，一定是溫和又謹慎的人。

作風強勢的人，動輒為了通過自己的意見而採取脅迫手段，不由分說地怒罵、威脅不服從的人，這麼做會讓對方的心也硬起來而更不聽話了。

像美國總統川普那樣的人，或許很有領袖氣質，但我認為那不算是優秀的領袖氣質。因為他對於自己想做的事總是硬著幹，如此一來就很難期待別人會完全照他的意思去做了。

CHECK!

不將自己的價值觀強加在別人身上，才能得到心甘情願的回應。

充滿創意的人往往心不定？

能夠提出新構思、新設計，發想新商品、研擬新企畫的人，我們會說他是個「很有創意的人」。

然而，我很好奇想，難不成全天下只有我一人，認為「創意」受到過度評價了嗎？發想出獨創性的構思，真有那麼必要嗎？我認為，大部分人不具備這種能力也無妨。

沒創意的人更踏實

我就是個毫無獨創性的人，作風老派，完全無法提出具革新性的想法或創意，但我從未因此困擾。我認為，包括我在內過著極普通生活的人，根本不必具備那樣的創造性，各位以為如何呢？

有研究資料顯示，欠缺發想力、獨創性，自認沒創意的人，個性上比較誠正信實。

做這項研究的美國哈佛大學的法蘭西絲卡．吉諾（Francesca Gino）教授表示，有創意的人多半不誠實、不正直，而且狡猾。

說到「跳脫思考框架」、「打破常規」，總讓人覺得好酷，但根據吉諾教授的說法，這種人會若無其事地耍詐。

古板是值得讚美的特質

有創意的人，他們的根本思想是「勝者為王」，不在乎使用狡猾的手段，只要最終贏得勝利就好。因此，他們會毫不猶豫地做出不正直的事。

另一方面，恪守常識、不太有獨創性思維的人，不會對自己相信的常識起疑，這種人會願意遵守常規，因此誠實又通情達理。傳統又保守的人，通常都是誠正信實的人。

心理學者認為，想要打破陳規、有所革新的人，心中都有某個部分是狡猾的。我認為人們對「創新」的追捧，已經有點矯枉過正了。其實，創新能力低的人，現實生活中並不會因此遭遇困難，而且就個性來說，這種人不會耍詐。

總之，沒必要為沒有獨創性而自卑，大可抬頭挺胸面對人。

CHECK!

慣用常識思考、老實型的人，沒必要刻意磨練獨創性。

叫不動的人，不會做白工

有個研究是這樣的，分別給學物理的學生及教物理的教授一個物理學問題，看看他們會怎麼解答。

結果顯示，大學生一拿到問題便馬上開始解答，把所有能想得到的方法全都拿出來解解看。

教授這邊呢？他們並不急著動手，而是先思考了好一陣子，直到最適當方法出現後，一口氣解出來。

通常大家都認為「該做的事情，越早開始越好」，但實驗證明需要視情況而定，謀定而後動往往有效率。

說做就做，邊做邊修正，其實有時候反而最沒效率。

美國哥倫比亞大學安吉拉．舒（Angela Su）教授也認為，純粹欠缺幹勁而拖拖拉拉的習慣並不好，但那種偏好刻意、積極地放慢速度的人，多半是做事有計畫的能幹之人。

凡事都要劍及履及地迅速進行，這個觀點並非完全正確。因為迅速進行便無法好好計畫，徒增做白工的機會。

或許「叫不動」的人在著手前會花掉一些時間，但最後往往會發現，想清楚再著手，亦即刻意放慢腳步，反而能較快完成工作。

「擬什麼計畫，那太麻煩了，見招拆招就行了。」抱持這種想法的人，結果只會浪費時間，無法解決事情。並非什麼事情都是越快越好。

即便將時間的八成用來準備，實際執行的時間只剩下兩成，依然是花時間準備的人進行得比較順利，工作就是這麼一回事。毫無計畫說做就做的人，大多進行到一半便失敗了。

「先做再說！」

「別三心兩意，做就對了！」

或許有人會說這種勇氣十足的話，但那是有問題的，聽聽就好。即便遲遲不進行而被碎念，最好還是準備周全再出手為佳。

我寫這本書時也一樣，心想：「總之先寫點什麼吧。」而開始動筆，接著就嘗到苦頭了。屢屢經歷這種痛苦後，我現在學乖了，絕不再貿然動筆。

先按耐住性子，等到充分閱讀完資料，收集好材料後再寫，就能一氣呵成了。

總之，做好準備最為重要。

CHECK!

謀定而後動，才能少走冤枉路。

與其笑得不自然，不如面無表情

笑容滿面的人，比較容易讓人覺得有魅力、有才華、容易親切。所以，大家都說：「與人相處，面帶笑容很重要。」

的確，有不少研究證明笑容的重要性。

不過，天生嚴肅、不善於笑臉迎人的也不少。這種人就真的比較吃虧嗎？那倒未必。

各國對笑容的解讀不同

波蘭頂級學術機構波蘭科學院的古巴・克里斯（Kuba Krys）教授表示，有些國家或文化並不認為鮮少微笑、板著臉不好。

像日本就有句俗語：「大丈夫三年動一次臉頰。」意指，男子漢只要三年一次，稍微抽動單邊臉頰、笑一下就夠了，笑容滿面有損威嚴，不苟言笑為上。除了日本，許多國家也有這種文化。

克里斯教授針對來自四十四種文化背景的四千五百人做了一項調查。內容是讓受試者分別觀看四張面帶笑容的照片，以及四張面無表情的照片，然後提出個人觀感。

結果，其中來自十八種文化的人表示：「露出笑容顯得比較聰明。」

然而，另一方面，來自日本、印度、韓國、伊朗、俄羅斯、法國的人，卻給出另一種回答「露出笑容顯得不太聰明」。隨著國情不同，有時不笑反而能給人留下好印象。

有時笑咪咪的，會讓人感覺「看起來像個傻瓜」；有時安靜不笑，會讓人感覺「顯得很聰明，好處多多」。

在軍隊中，笑容會招來負評

我再介紹一個有趣的資料吧。人們都說「女人要討喜」，認為面帶笑容的女人很可愛，但若換成男人，資料顯示，面帶笑容的男人都比較晚出人頭地。

德國馬爾堡大學的尤里希．穆勒（Ulrich Mueller）教授，從預備士官的畢業紀念冊中，找出面帶笑容和面無表情的人，調查他們二十年後在軍隊中的階級，結果發現，畢業紀念冊上越是面無表情的人，階級越高。

針對這項結果，穆勒教授的分析是，

冷淡…
我這樣面無表情，酷嗎？
嗯！
我可不是在生氣喔！

經常笑容可掬的人，即便能予人和藹可親的印象，畢竟有失威嚴。

雖然展現笑容很重要，但如果你是屬於「實在笑不出來」的人，也沒必要「強顏歡笑」。板著一張臉，有時反而能給人聰明、有威嚴等好印象。

如果你不善於展現親切的笑容，那麼乾脆練習讓自己的表情如雕像般如如不動，反而還比較有利呢。

CHECK!

與其笑得不自然，不如面無表情來得好。

幸福感是比較來的，別總羨慕他人好

人的幸福感是比較出來的。

與境遇好的人相比，就會沮喪；與境遇差的人相比，就會開心。

幸福感，充其樣是一種經由與他人比較得來的相對性情感。

明明身邊的女友已經是大美人了，轉頭看到別的男人帶著更漂亮的女性，就會心有不甘。

住在百坪大房子的人，即便已經很滿足了，但要是看到友人興建千坪豪宅，肯定超嫉妒吧。

諸如此類，我們不斷透過大大小小、各式各樣的比較，來感受幸或不幸，習慣對已擁有的視而不見。

幸福感的心法

要保有幸福感，就要與「比自己差」的人相比。

比上不足，比下有餘。不論情況再糟糕，只要找個讓你覺得「和那傢伙比起來，我好太多了」的人，幸福感便油然而生了。

瞧不起人的行為，稱為「蔑視」。

蔑視他人並非什麼能大聲說出口的好事，但若當事人能因此感到幸福，默默在心裡做，我認為也無可厚非。

當然，前提是瞧不起、蔑視人的念

我的自然捲，和大泉那傢伙比起來好多了吧！
○○超市
是啊
好太多了
比較

頭，絕不能讓對方看出來。

如果只在內心默默輕視，藉以獲得幸福感，這樣應該能被容許吧。

比上不足，比下有餘

加拿大新寧健康科學中心的伊莎貝爾．鮑爾（Isabelle Bauer）教授，以及協和大學的卡斯坦．洛什（Carsten Wrosch）教授，兩人合作進行了一項調查。

他們找來的兩組受試對象分別為五十六名十八歲到三十五歲，以及四十八名六十歲以上的成年人。

結果發現，越是「喜歡和比自己差的人相比」，人生中碰到後悔的事情時，比較不會抱持負面情緒，而且不論年輕人或老年人都一樣。

例如，升大學時沒考上第一志願，但考上第二志願，這時只要心想：「比起那些什麼都沒考上的傢伙，我很幸運了。」藉此減少痛苦。

工作遇挫，遭到減薪或降職時，轉念成：「比起欠一屁股債的人，我這點小事算什麼。」就能感到幸福感了。

透過蔑視他人，或者以「比上不足，比下有餘」的想法來獲得安慰，從道德觀點來看，或許很缺德。

但是，如果從藉由蔑視對方來取得內心平衡這點來看，多少有些蔑視的心情也是有好處的。

CHECK!

心情沮喪時，就在心中悄悄和狀況悽慘的人相比吧。

善意謊言，令人安心的高明社交術

從小，大人總是一再告誡：「不可以說謊！」導致我們總認為說謊是件壞事。不過，說謊真的有那麼壞嗎？我不這麼認為。人在江湖，不得不說謊的情況多到不行，絕不說半句謊話的人，恐怕會到處碰壁。

無謂的直接惹人厭

比方說，當你因公去參加一場飲酒會，覺得無聊就老實跟說出：「好無聊喔，我要回家了。」你覺得周圍的人會怎麼想？

恐怕從此被列入拒絕往來戶吧。

這時應當說：「我還有點事，不好意思，得先告辭了。」用善意的謊言來脫身才是正解，說這種謊不會產生什麼問題。

總是實話實說，有時也會惹得對方不爽。所以，有必要以善意的謊言，恰當地掩飾真心話，而說謊其實是一種高明的社交術。

善意謊言讓人聽得舒服

美國加州州立大學的羅納德．瑞吉歐（Ronald Riggio）教授做了一項實驗，他請三十八名大學生接受社交技巧測驗，另外再測驗他們的說謊能力有多強。

具體做法是，他先請這三十八名學生在攝影機前，半真半假地敘述自己的事。

其後，請另外三十四名鑑定人觀看這些影片，看他們能否識破哪些為真、哪些為假？

結果顯示，越擅長說謊的人（沒被鑑定人識破說謊的人），在社交技巧測驗中的分數越高。這項實驗說明，越擅長說謊的人越懂得與人社交。

日本人多半很善良，有人甚至一說謊便產生罪惡感。一察覺「啊，我又說謊了。」就會沮喪不已。

不過，一般認為，說謊是人際交往中必備的技巧，沒必要那麼耿耿於懷。如果你能把謊言說得很高明，反倒應該為此覺得自豪才對。

CHECK!

善於社交的人，能把謊言說得恰到好處。

第 6 章

接受「內心陰暗面」，從此不再傷人傷己

重點提要

造成終身內心陰影的傷害，
沒有任何人希望遇到。
若你不幸遇上，卻又有幸存活下來，
才是真正挑戰的開始。
面對創傷，該如何學會堅強？

關鍵時刻，更能提高「凝聚力」

北韓發射飛彈，造成社會高度不安。

綜觀世界情勢，恐怖攻擊的威脅依然高漲，未有消退跡象，這種動盪局勢讓整個社會充滿了不安。

當然，社會祥和、國泰民安是最理想狀況，任誰都希望活在令人安居樂業的社會。

然而，若說社會不安完全沒有好處，其實未必。

當社會不安時，我們會生起互相扶持的心。亦即，強化人與人之間的連結。

社會祥和的情況下，人人都能獨自生活，沒必要尋求他人支援，即便不與人產生連結也不在乎，搞不好還會嫌人與人之間的關係太麻煩呢。

產生群體連帶感

和平時期，人與人之間的關係往往顯得淡薄，因為不會激起群眾同心協力的心情。

這種時代，即便國泰民安，人際之間難免少了些許溫暖。

然而，平日碰面時彼此連招呼都不打的鄰居，一旦遇上地震、大雪，往往能展開交流，交換一些類似：「天哪，該怎麼辦才好？」的對話，然後同心協力排除困難。

就這層意義而言，發生造成社會不

安的事件時，還是有一丁點好處。

離婚率下降

美國路易斯安那州立大學的托尼亞．漢塞爾（Tonya C. Hansel）教授，為了研究「不安讓人更團結」這個假設，調查了二〇〇一年九月發生恐怖攻擊事件起到二〇〇五年止，紐約六十二個區的離婚統計。

此外，為了作對照，漢塞爾教授也調查了一九九一年起到恐攻事件發生為止，十年間的離婚統計。

結果發現恐攻事件之後的二〇〇二年，比起發生前十年，離婚率居然減少了二五%；更驚人的是，從二〇〇三年到二〇〇五年，竟減少了三七．五%。

換句話說，一旦發生人心惶惶的事件，人們便會生起互相扶持的心，不會輕言離婚了。

與和平時期相較，或許處於不安狀態，比較能激發眾人互助合作、待人親切的精神，心靈也容易感到溫暖吧。

戰爭明明是悲慘至極的體驗，但也有老人家回顧過往時表示：「那個時代也不盡然盡是壞事。」想必是當時經常感受到人際間的溫暖吧。

CHECK!

人在忐忑不安的時候，比較容易感受到人情溫暖。

悲慘經驗，讓人不重蹈覆轍

悲慘經驗，對任何人來說都是一種心理創傷。

「不想再經歷一次。」這種想法是理所當然，但難道悲慘經驗對我們毫無益處嗎？那倒未必。

不論哪種經驗，只要換個角度，就能看出正向的一面。

美國波莫納學院的蘇珊・湯普森（Suzanne Thompson）教授，針對加州安那翰大火的災民，分別於受災後不久，以及一年後進行了調查。

結果顯示，很多人在大火當時感到「這下該怎麼辦？」的不安與絕望感，一年後轉而感受到各種好處。

有人表示：「全家人變得很團結。」

因為火災使家人間產生未曾有過的團結，而產生這是一件意外收穫的想法。

也有人回答：「非常感謝來自朋友及鄰居的善意。」

火災讓人開始與鄰居往來，體會到與人互動的重要性。

也有人領悟到：「人生是無可取代的。」

漫不經心地混日子，不會察覺到人生的價值，但遭遇火災洗禮後，反而能夠重新看待人生了。

還有人回答，只要想到境遇比自己更慘的人，就覺得「自己真的很幸運」。

家園遭遇大火的確是一種悲慘經驗，沒有人希望遇上。

不過，假設萬一真的碰到了，人就會被絕望擊倒嗎？答案是，不會。

不論遭遇多麼悲慘的經驗，都能從中獲得某些啟示進而振作起來，就是人類堅強之處。

房屋化為灰燼，無處為家，好不悲慘。可是，即便全家暫時棲身於組合屋，心中仍會生起「好，接下來全家同心協力，一起度過難關吧！」的團結感，以及不屈不撓、勇往直前的堅強。

人類沒那麼懦弱。不論遭遇多麼悲慘的經驗，我們都有足夠的堅強能夠轉念，以積極進取的態度克服難關。

CHECK!

身處困境，才能察覺到許多寶貴的事情。

「負能量」正著用，療癒內心傷痛

小時候被父母虐待，真是再悲慘不過的經驗了。

小孩多半無法抵抗父母，只能咬牙承受，過程必定十分痛苦。但是，若說受到虐待的孩子必然心術不正，最後成為無法無天的大人，其實不然。

美國華盛頓大學的卡奇斯・麥克米倫（Curtis McMillen）教授，針對一百五十四名幼時曾遭受虐待的女性進行調查。

麥克米倫教授要他們對於虐待這件事作答：「完全無益」答0；「有點益處」答1；「極為有益」答2。結果，四六・八%的人回答1或2。

這項結果表示他們能夠正向看待，認為受到虐待的經驗是好的。而且，其中有二四%的人回答「極為有益」。

受虐教會我們的事

你可能想不到，受虐居然也有好處，但接受調查的這些女性，舉出了很多「受虐教我們的事」。

例如，年幼時受過虐待的人，長大成人之後對於人際關係會變得很慎重。有了小孩以後，會生起強烈的意志去保護小孩。也有人回答，正因為受過虐待，個性變得比較堅強。

不容諱言，也有很多人因為受虐而蒙受莫大的精神傷害。

然而，以正向積極的態度看待受虐這件事，進而認為對自己人生有益的人也不在少數。

我們無法改變曾經受虐這個事實。

但是，不用負面觀點看待受虐經驗，而是以建設性的眼光來面對，就能獲得療癒內心傷痛的能力了。

讓人更堅強的不堪往事

不僅僅是有受虐經驗的人，受過霸凌、職權騷擾，受過重大打擊到差點爬不起來的人，我相信他們的調查結果都會是深具啟發意義的。

世上到處都有惡意、陰險之徒，既然我們免不了要碰上這些人，就有必要先知道受傷後能讓人重新振作起來的一些提示。同時，請千萬別忘記，我們心中一直存在著能讓我們脫困、勇往直前的堅強與毅力。

遭到別人殘酷的對待而內心受創，

便會產生許多負能量，留下痛苦的回憶。

但是，我們也會在過程中不斷學習深度的質疑與思慮，不是嗎？而且，也會主動思考修復內心創傷的方法，做出適當的處置。

我們的心，自有機制可以保護我們免於各種磨難，只要我們信賴它，並且加以靈活運用，就能讓每一天的生活更加充實。請你務必將「負能量」當成我們的夥伴，與它一起克服困難，充實人生。

CHECK!

人人都具備堅強活下去的本能！

後記

學會「轉換」，負能量就能帶來正成長

各位閱讀完本書後，如果心情能變得輕鬆一點，那麼我拚命收集資料的辛苦就值得了。

寫這本書時，我特別用心地尋找資料。

每一件事都有好壞兩面。

絕少有哪件事是絕對的善或絕對的惡。

平時，我們認為殺人是壞事，但戰爭時，奮勇殺敵反而會受到褒揚。好壞僅在一念之間。

為了幫助各位能將過去一直視為負面的情緒，盡可能地翻轉成正面，我運用大量的心理學資料來加以說明，應該多少能派上用場才對。

感到沮喪時，請你拿出本書，多看幾遍。

相信每一次的閱讀，都能在你心中重新燃起力量。

最後，我要向親愛的讀者道謝。各位，承蒙你不放棄地持續閱讀到最後，請接受我最誠摯的謝意。

身為人，總有無窮無盡的煩惱，就讓我們一起加油努力吧。

請容我就此擱筆，咱們後會有期。

內藤誼人

參考文獻

- Baker, S. L., & Kirsch, I. 1991. Cognitive mediators of pain perception and tolerance. *Journal of Personality and Social Psychology* ,61, 504-510.
- Bauer, I., & Wrosch, C. 2011. Making up for lost opportunities: The protective role of downward social comparisons for coping with regrets across adulthood. *Personality and Social Psychology Bulletin* ,37, 215-228.
- Baumeister, R. F., Smart, L., & Boden, J. M. 1996. Relation of threatened egotism to violence and aggression: The dark side of high self-esteem. *Psychological Review* ,103, 5-33.
- Baumeister, R. F., & Tice, D. M. 1985. Self-esteem and responses to success and failure: Subsequent performance and intrinsic motivation. *Journal of Personality* ,53, 450-467.
- Bonanno, G. A. 2004. Loss, trauma, and human resilience:Have we underestimated the human capacity to thrive after extremely. *American Psychologist* ,59, 20-28.
- Brandstatter, E., & Schwarzenberger, H. 2001. Beyond the gambling paradigm: Internal controllability in

decision making. *Psychological Reports* ,89, 259-266.

- Britt, D. M., Cohen, L. M., Collins, F. L., & Cohen, M. L. 2001. Cigarette smoking and chewing gum: Responses to a laboratory-induced stressor. *Health Psychology* ,20, 361-368.
- Burak, L. J., Rosenthal, M., & Richardson, K. 2013. Examining attitudes, beliefs, and intentions regarding the use of exercise as punishment in physical education and sport: An application of the theory of reasoned action. *Journal of Applied Social Psychology* ,43, 1436-1445.
- Carlsmith, J. M., & Gross, A. E. 1969. Some effects of guilt on compliance. Journal of Personality and Social Psychology ,11, 232-239.
- Carton, A. M., & Aiello, J. R. 2009. Control and anticipation of social interruptions: Reduced stress and improved task performance. *Journal of Applied Social Psychology* ,39, 169-185.
- Chu, A. H. C., & Choi, J. N. 2005. Rethinking procrastination: Positive effects of "active" procrastination behavior on attitude and performance. *Journal of Social Psychology* ,145, 245-264.
- Dillard, A. J., Midboe, A. M., & Klein, W. M. P. 2009. The dark side of optimism: Unrealistic optimism about problems with alcohol predicts subsequent negative event experiences. *Personality and Social Psychology Bulletin* ,35, 1540-1550.
- DiPaula, A., & Campbell, J. D. 2002. Self-esteem and persistence in the face of failure. *Journal of Personality and Social Psychology* ,83, 711-724.

- Duckworth, A. L., Peterson, C., Matthews, M. D., & Kelly, D. R. 2007. Grit : Perseverance and passion for long-term goals. *Journal of Personality and Social Psychology* ,92, 1087-1101.
- Duncan, E., & Sheffield, D. 2008. Diary keeping and well-being. *Psychological Reports* ,103, 619-621.
- Felmlee, D. H. 1995. Fatal attractions: Affection and disaffection in intimate relationships. *Journal of Social and Personal Relationships* ,12, 295-311.
- Fointiat, V., Morisot, V., & Pakuszewski, M. 2008. Effects of past transgressions in an induced hypocrisy paradigm. *Psychological Reports* ,103, 625-633.
- Frankel, A., & Snyder, M. L. 1978. Poor performance following unsolvable problems : Learned helplessness or egotism? *Journal of Personality and Social Psychology* ,36, 1415-1423.
- Galili, L., Amir, O., & Gilboa-Schechtman, E. 2013. Acoustic properties of dominance and request utterances in social anxiety. *Journal of Clinical Psychology* ,32, 651-673.
- Gasper, K., & Clore, G. L. 1998. The persistent use of negative affect by anxious individuals to estimate risk. *Journal of socialland Personality and Social Psychology* ,74, 1350-1363.
- Geers, A. L., Wellman, J. A., & Lassiter, G. D. 2009. Dispositional optimism and engagement: The moderating influence of goal prioritization. *Journal of Personality and Social Psychology* ,96, 913-932.
- Gino, F., & Ariely, D. 2012. The dark side of creativity: Original thinkers can be more dishonest. *Journal of Applied Social Psychology* ,102, 445-459.

- Gleason, M. E. J., Iida, M., Shrout, P. E., & Bolger, N. 2008. Deceiving support as a mixed blessing: Evidence for dual effects of support on psychological outcomes. *Journal of Personality and Social Psychology* ,94, 824-838.
- Halmburger, A., Baumert, A., & Schmitt, M. 2015. Anger as driving factor of moral courage in comparison with guilt and global mood: A multimethod approach. *European Journal of Social Psychology* ,45, 39-51.
- Hansel, T. C., Nakonezny, P. A., & Rodgers, J. L. 2011. Did divorces decline after the attacks on the world trade center? *Journal of Applied Social Psychology* ,41, 1680-1700.
- Henagan, S. C., & Bedeian, A. G. 2009. The perils of success in the workplace: Comparison target responses to coworkers' upward comparison threat. *Journal of Applied Social Psychology* ,39, 2438-2468.
- Impett, E. A., Strachman, A., Finkel, E. J., & Gable, S. L. 2008. Maintaining sexual desire in intimate relationships: The importance of approach goals. *Journal of Personality and Social Psychology* ,94, 808-823.
- Kalliopuska, M. 2008. Personality variables related to shyness. Psychological Reports ,102, 40-42.
- Kasser, T., & Ryan, R. M. 1993. A dark side of the American dream: Correlates of financial success as a central life aspiration. *Journal of Personality and Social Psychology* ,65, 410-422.
- Ketelaar, T., & Au, W. T. 2003. The effects of feeling of guilt on the behavior of uncooperative individuals in repeated social bargaining games: An affect-asinformation interpretation of the role of emotion in social interaction. *Cognition and Emotion* ,17, 429-453.

- Krys, K. et al. 2016. Be careful where you smile: Culture shapes judgments of intelligence and honesty of smiling individuals. *Journal of Nonverbal Behavior* ,40, 101-116.
- Legrand, F. D., & Apter, M. J. 2004. Why do people perform thrilling activities? A study based on reversal theory. *Psychological Reports* , 94, 307-313.
- Lord, R. G., DeVader, C. L., & Alliger, G. M. 1986. A meta-analysis of the relation between personality traits and leadership perceptions: An application of validity generalization procedures. *Journal of Applied Psychology* ,71, 402-410.
- Martin, J. J., Pamela, A. K., Kulinna, H., & Fahlman, M. 2006. Social physique anxiety and muscularity and appearance cognitions in college men. *Sex Roles* ,55, 151-158.
- Mathes, E. W. 1986. Jealousy and romantic love: A longitudinal study. *Psychological Reports* ,58, 885-886.
- Matz, S. C., Gladstone, J. J., & Stillwell, D. 2016. Money buys happiness when spending fits our personality. *Psychological Science* ,27, 715-725.
- McMillen, C., Zuravin, S., & Rideout, G. 1995. Perceived benefit from child sexual abuse. *Journal of Consulting and Clinical Psychology* ,63, 1037-1043.
- Moore, R. S. 2005. The sociological impact of attitudes toward smoking: Secondary effects of the demarketing of smoking. *Journal of Social Psychology* ,145, 703-718.
- Mueller, U., & Mazur, A. 1996. Facial dominance of West Point cadets as a predictor of later military rank. *Social Forces* ,74, 823-850.

- Muise, A., & Desmarais, S. 2010. Women’ s perceptions and use of “anti-aging” products. *Sex Roles* ,63, 126-137.
- Nasco, S. A., & Marsh, K. L. 1999. Gaining control through counterfactual thinking. *Personality and Social Psychology Bulletin* ,25, 556-568.
- Neal, A. M., & Lemay, E. P. Jr. 2014. How partners’ temptation leads to their heightened commitment: The interpersonal regulation of infidelity threats. *Journal of Social Personal Relationships* ,31, 938-957.
- Paolucci, E. O., & Violato, C. 2004. A meta-analysis of the published research on the affective, cognitive, and behavioral effects of corporal punishment. *Journal of Psychology* ,138, 197-221.
- Paulhus, D. L. 1998. Interpersonal and intrapsychic adaptiveness of trait selfenhancement: A mixed blessing? *Journal of Personality and Social Psychology* ,74, 1197-1208.
- Perkins, A. M., & Corr, P. J. 2005. Can worriers be winners? The association between worrying and job performance. Personality and Individual Differences ,38, 25-31.
- Pines, A., & Aronson, E. 1983. Antecedents, correlates, and consequences of sexual jealousy. *Journal of Personality* ,51, 108-136.
- Resick, C. J., Whitman, D. S., Weingarden, S. M., & Hiller, N. J. 2009. The Brightside and dark side of CEO personality: Examining core self-evaluations, narcissism, transformational leadership, and strategic influence. *Journal of Applied Psychology* ,94, 1365-1381.
- Riggio, R. E., Tucker, J, & Throckmorton, B. 1987. Social skill and deception ability. *Personality and Social*

Psychology Bulletin ,13, 568-577.

- Robinson, M. D., Johnson, J. T., & Shields, S. A. 1995. On the advantages of modesty: The benefits of a balanced self-presentation. *Communication Research* ,22, 575-591.
- Sanna, L. J., Chang, E. C., Carter, S. E., & Small, E. M. 2006. The future is now: Prospective temporal self-appraisals among defensive pessimists and optimists. *Personality and Social Psychology Bulletin* ,32, 727-739.
- Schaumberg, R. L., & Flynn, F. J. 2012. Uneasy lies the head that wears the crown : The link between guilt proneness and leadership. *Journal of Personality and Social Psychology* ,103, 327-342.
- Sedikides, C., Rudich, E. A., Gregg, A. P., Kumashiro, M., & Rusbult, C. 2004. Are normal narcissists psychologically healthy?: Self-esteem matters. *Journal of Personality and Social Psychology* ,87, 400-416.
- Shalvi, S., Shenkman, G., Handgraaf, M. J. J., & De Dreu, C. K. W. 2011. The danger of unrealistic optimism: Linking caregivers' perceived ability to help victims of terror with their own secondary traumatic stress. *Journal of Applied Social sychology* ,41, 2656-2672.
- Smith, H. H., Goode, C., Balzarini, R., Ryan, D., & Georges, M. 2014. The cost of orgiveness: Observers prefer victims who leave unfaithful romantic partners. *European Journal of Social Psychology* ,44, 758-773.
- Spitzberg, B. H. 1993. The dialectics of (in)competence. *Journal of Social and personal Relationships* ,10, 137-158.
- Thomas, G, Fletcher, G. J. O., & Lange, C. 1997. On line empathic accuracy in marital interaction. *Journal*

of Personality and Social Psychology ,72, 839-850.

- Thompson, S. C. 1985. Finding positive meaning in a stressful event and coping. *Basic and Applied Social Psychology* ,6, 279-295.
- Verplanken, B. 2012. When bittersweet turns sour: Adverse effects of nostalgia on habitual worriers. *European Journal of Social Psychology* ,42, 285-289.
- Voissem, N. H., & Sistrunk, F. 1971. Communication schedule and cooperative game behavior. *Journal of Personality and Social Psychology* ,19, 160-167.
- Watson, W. E., Minzenmayer, T., & Bowler, M. 2006. Type A personality characteristics and the effect on individual and team academic performance. *Journal of Applied Social Psychology* ,36, 1110-1128.
- Weisskirch, R. S. 2012. Women's adult romantic attachment style and communication by cell phone with romantic partners. *Psychological Reports* ,111, 281-288.
- Wiltermuth, S. S., & Cohen, T. R. 2014. “I’ d only let you down” : Guilt proneness and the avoidance of harmful interdependence. *Journal of Personality and Social Psychology* ,107, 925-942.
- Wittrock, M. C., & Husek, T. R. 1962. Effect of anxiety upon retention of verbal learning. *Psychological Reports* ,10, 78.
- Zhang, Y., & Fishbach, A. 2010. Counteracting obstacles with optimistic predictions. *Journal of Experimental Psychology*: General ,139, 16-31.

國家圖書館出版品預行編目（CIP）資料

情緒個性難改,懂運用更有成就：負能量更有爆發力！實踐派心理師教你把陰暗情緒轉化為生涯成功的推進器／內藤誼人著；林美琪譯. -- 初版. -- 臺北市：方言文化，2019.12
面；　公分
譯自：「心の闇」をパワーに変える心理術
ISBN 978-957-9094-49-8(平裝)

1. 成功法　2. 情緒管理　3. 生活指導

177.2　　108018960

情緒個性難改，懂運用更有成就

負能量更有爆發力！實踐派心理師教你把陰暗情緒轉化為生涯成功的推進器

「心の闇」をパワーに変える心理術

作　　者　內藤誼人
譯　　者　林美琪

副總編輯　黃馨慧
責任編輯　高佩琳
版 權 部　莊惠淳
業 務 部　葉兆軒、林子文
企 劃 部　顏佑婷、高幼妃
管 理 部　蘇心怡、張淑菁

封面設計　吳郁婷
內文設計　江慧雯

出版發行　方言文化出版事業有限公司
劃撥帳號　50041064
電　　話　（02）2370-2798
傳　　真　（02）2370-2766

定　　價　新台幣290元，港幣定價96元
初版一刷　2019年12月4日
I S B N　978-957-9094-49-8

方言文化